日本書紀入門

決定版

2000年以上続いてきた国家の秘密に迫る

竹田恒泰 Tsuneyasu Takeda
久野潤 Jun Kuno

ビジネス社

はじめに――異色!? でも「王道」の日本書紀入門

久野　潤

来年の令和二年（二〇二〇）は、『日本書紀』編纂《へんさん》から一三〇〇年にあたる記念すべき年です。『日本書紀』の何がすごいのかという点は、本書をお読みいただくとして、この節目に『日本書紀』をテーマにした本を出そうという企画は、実は平成二十九年（二〇一七）頃から相談していたのですが、期せずして、その年の十二月に本年の天皇陛下の御譲位と令和改元が決定されました。

私の人生にとっては、二度目の改元です。

平成改元のときには、私はまだ小学生でしたので、もちろん難しい話はわからない時分ではありましたが、昭和天皇崩御によって自粛ムードの中で新たな平成の世を迎えた記憶はあります。つまり改元とは「お祝い」ではなく、先帝の「喪に服す」というものでした。

ところがどうでしょう。このたびの令和改元ではうってかわって、日本国中がお祝いの雰囲気に包まれました。政権批判の情念を元号批判や「天皇制」批判にまで転化する一部メディアや論者にとっては、肩身が狭くなるくらいの奉祝ムードです。

また譲位についても、たとえば政治の場では皇室典範特例法制定に際し、本来政局化を慎むべきはずが、それに乗じる勢力もいて大変だったことも事実です。しかし多くの日本人が天皇を戴《いただ》く祖国日本に対して、お祝いとともに強い感謝の念を持つ瞬間をつくり上げたことについては、難局を乗り越えて無事に天皇陛下の御譲位を実現した安倍晋三首相に敬意を表したいと思います。

そしてこのことは、一般の日本人が皇室、そして国体に対して改めて興味を持つきっかけにもなっているはずです。こうしたムードの中で『日本書紀』編纂一三〇〇年を迎えられるのも、本当に良き巡り合わせではないかと思います。それに加え、今回『日本書紀』についての対談を竹田恒泰先生と行い出版の機会をいただいたのは本当にありがたい巡り合わせです。竹田先生には世の中が間もなく『古事記』編纂一三〇〇年を迎えるということで（少なくとも一部は）盛り上がっていた頃から、竹田研究会で『日本書紀』講読を御指導いただいてきました。

本来『日本書紀』や日本古代史を専門としない研究者による異色の対談となった本書については、専門的な見地から様々な批判があるかもしれません。叶うならばそうした批判も、ぜひ一般の方々がさらに『日本書紀』に興味を持ってくれる契機となってくれたらと思います。僭越《せんえつ》な言い方ではありますが、本書の趣旨に賛同してくださる方もそうでない方も、今の日本を代表して、一三〇〇年前の大先輩方に対し「令和の日本人も『日本書紀』のことを忘れていませんでしたよ！」と感謝をもって伝える一翼に加わっていただきたく願ってやみません。

なお本書に掲載した写真は、すべて自分で撮影したものです。対談内容が、史料上だけでなく〝現地〟で先人の歩みや奮闘と向き合ってきた成果の一部であると感じていただければ幸いです。

決定版　日本書紀入門

目次

第二章 現代にも生きる『日本書紀』の精神

第三章 『日本書紀』を読んでみる

第四章 国難を乗り越える『日本書紀』

最終章 『日本書紀』一三〇〇年と令和の時代

第一章

『日本書紀』は日本の原点

「令和」と『万葉集』

久野　本書は『日本書紀』が主なテーマになりますが、新元号が決まりましたので、やはりその話をはじめにできたらと思います。「令和」は『万葉集』が出典ということで、初めて国書から採用され、何かと話題になりました。中国のメディアなどは「中国の痕跡《こんせき》を消せない。『万葉集』も中国の詩歌の影響を受けている」（『環球時報』）と負け惜しみのようなことを書いております。

逆に言えば、日本の元号をそれだけ意識しているということでしょう。

竹田　中国は清《しん》朝を最後に元号を廃止し、朝鮮半島は中国に朝貢していたので、そもそも独自の元号を持つことが許されませんでした。元号は現在では世界で日本しか使っていません。だから悔しくて仕方がないのでしょう。

もともと元号は中国から始まったもので、これを皇帝が定めました。元号をつかって属国に上奏文を書かせたのです。だから、周辺の属国は独自の元号を立てさせてもらえなかった。現に、新羅《しらぎ》（？～九三五）の皇帝が独自に元号を立てたら、中国の皇帝の怒りを買い、途中からやめさせられてしまったことがあったのです。

ところが、日本は五世紀頃には、中国からの独立の道を歩んでいます。第二十一代雄略天皇が方針を定め、聖徳太子（五七四〜六二二）の目指した律令国家が完成したのが七〇一年。その過程で六四五年に、大化《たいか》という独自の元号を立てた。

大化を元号に立ててからも、中国とはやりとりはありますが、日本が中国に宛《あ》てる手紙は日本の元号を、中国が日本に宛てる手紙には中国の元号を使っていた。つまり、日本は中国と対等な、独立した国家だったわけです。

久野　竹田先生は「令和」は字面も響きもいいと感想を述べられていらっしゃいますが、私も同感です。令和は『万葉集』巻五、三十二首の梅花の歌の序文「初春の令月にして気淑《きよ》く風和ぎ　梅は鏡前の粉を披《ひら》き　蘭《らん》は珮《はい》後の香を薫らす」の「令月」の「令」と「風和ぎ」の「和」から取ったものですね。

竹田　この序文には続きがあって、「向こうの方の山並み雲がさしかかる。松がその雲のヴェールをかぶり絹傘をさしかけたように見える。夕べには霧がかかり、鳥がその霧に向かって飛んでいく。庭には生まれたばかりの若い蝶が舞い、空を見ると雁が飛んでいく。本当にいい宴だ。

みんなで膝を突き合わせてお酒を飲んでいたら、この感動を言葉に書き記さなくて、どうするのだと誰かが言い始めた。では、みんなで梅を題に和歌を詠もうではないか」

そして三十二首の和歌に続くわけです。

久野　非常に風雅に富んでいますね。

竹田　エネルギーに満ち、人々の調和の意味が籠《こ》められています。平成で平和を取り戻し、そして「令和」でさらに発展していく。そんな時代の流れを示唆する、国家の一大目標を掲げるのにうってつけの元号だと思います。

久野　「和」というイメージにしても、皇族、貴族、官僚歌人のほか農民の歌まで載っている『万葉集』はまさにうってつけです。

竹田　こんなことはヨーロッパや中国においては考えられません。文学というのは貴族のものでしたし、そもそも一般の農民は読み書きさえできませんでしたから。『万葉集』の時代から、身分という垣根を越えて国民全体で和歌に親しんでいたことがわかります。その『万葉集』から採られた「令和」は、まさに日本の国柄そのものと言っても過言ではありません。

忘れ去られた『日本書紀』

久野　その令和の二年は、『日本書紀』編纂一三〇〇年の節目に当たります。同じく編纂一三〇〇年を迎えた『古事記』に次いで八年越しになるわけですけれども、意外と各界での盛り上がりが見えない気もします。竹田先生からご覧になって、一般の皆さんは『日本書紀』をそもそも意識しているか、している場合はどのようなイメージを持っているでしょうか。

竹田　たぶん、イメージを持っていない人がほとんどだと思います。『古事記』『日本書紀』という書物の名前は、必ず教科書で勉強したことがあると思うんですけれども、「古事記・日本書紀」とひとつの塊として覚えていて、そのふたつの違いを意識している人はほとんどいないでしょう。

『古事記』の「記」と『日本書紀』の「紀」で、併せて「記紀神話」と言われますが、どちらかというと『古事記』の方がイメージできるのではないでしょうか。たとえばヤマタノオロチとか、因幡《いなば》の白ウサギや岩戸隠れの話とか何かしら印象を持っている人がいるでしょう。しかし『日本書紀』に関しては、何のイメージも浮かばない人が多いのではないのかと思います。ですから、誰もが必ず知っている書名であるにもかかわらず、まったくイメージが湧かない不思議な存在なのかなと思いますね。

久野　確かに『古事記』は一三〇〇年の節目に、これまでなかったようなメディアミックス的な展開を遂げて、『古事記』グッズとか、『古事記』本にしても学術書に限らず一般書やDVDも出たりしました。しかし『日本書紀』編纂一三〇〇年を前にしても、そうした関連商品がなかなか現れないというのは、やはり『古事記』の方が『日本書紀』よりもとっつきやすいイメージがあったようですね。

竹田　まず分量にしても、『古事記』の三巻に対して『日本書紀』は三十巻あります。参考までに、岩波文庫で比べると、『古事記』三四二ページに比べ『日本書紀』は全五巻で二八〇〇ページを超えているので、仮に読もうと思ったとしても、読み通すのは至難の業ですね。ですから『古事記』に比べると『日本書紀』はハードルが高いし、しかも内容的にも、『古事記』はひとつの物語として楽しみながら読めますが、『日本書紀』は公式記録で淡々と語られているので、そういう点でもとっつきにくいのではないかと思います。

久野　特に終わりの部分が、『古事記』が第三十三代推古《すいこ》天皇（在位五九三〜六二八）の御代までであるのに対して、『日本書紀』が第四十一代持統《じとう》天皇（在位六九〇～六九七）まで。推古天皇から持統天皇の御代にも国史上重大な史実がたくさんあって、神話のロマンよりも実際の歴史としての側面が『日本書紀』は強くなります。

竹田　『日本書紀』は、『古事記』よりももっと幅広いですよね。なので、「編纂から一三〇〇年」と言われてもピンと来ないというところではないでしょうか。

久野　竹田先生は中学の日本史教科書検定に挑戦していらっしゃいます。日本の歴史学会ごと変える意気込みで取り組んでくださっていますが、その教科書では、『日本書紀』のことはどういうふうに書かれていますか？

竹田　日本の建国もしくはそれより前に遡《さかのぼ》る大変古い時代のことを記してある書物ということでは、『古事記』と『日本書紀』に違いはありません。『古事記』も『日本書紀』も、当時の日本政府が編纂したものだということも共通します。しかし『日本書紀』の最大の特徴は、やはり「正史である」ということだと伝えています。様々な歴史書がある中で、「正史」であることは大きな特徴です。というのも、「正史」とは国家が編纂する公式な歴史書のことを指します。したがって、『日本書紀』は日本の太古の昔の記録として公式なものであるのです。

国会議員が『日本書紀』を持ち出すと叩かれる!?

久野　『日本書紀』は当時の国家的プロジェクトであったということですね。そのような『日本書紀』の実相に迫るのが本書の大きなテーマですが、たとえば政治家が『日本書紀』を取り上げようものならすぐに噛《か》みつくのがメディアです。

天皇の地位は日本書紀における『天壌無窮《※てんじょうむきゅう》の神勅《しんちょく》』に由来するものだ」。おととい の衆院憲法審査会で飛び出した言葉に耳を疑った。自民党の安藤裕議員の発言である▼神勅は、アマテラスが自分の孫であるニニギに告げた命令とされる。「平定された日本へ行き統治せよ、永遠に栄えるであろう」が大意だ。日本書紀に「天孫降臨」にいたる神話として書かれている▼安藤氏は皇室典範についてこう述べた。「国会ではなく皇室の方々でお決め頂き、国民はそれに従うという風に決めた方がいい」。国民の代表が自ら国民主権を否定するような物言いである▼「八紘一宇《はっこういちう》」「皇紀」「神武天皇の偉業」。昨年来、自民党議員の口から皇国史観ゆかりの言葉が次々飛び出す。

あえて時代錯誤の語を持ち出すのはなにゆえか。いさめる人は党内にいないのか（後略）

（『朝日新聞』平成二十八年十一月十九日）

入試にもよく出ると評判の「天声人語」です（笑）。

公式の場で『日本書紀』の重要性を訴えかけた安藤議員には、エールを送りたいと思います。そして発言内容の検討以前の話として、「時代錯誤」という表現から、自分たちが謳歌《おうか》している「時代」を脅かす存在を見過ごせない既存メディアの在り方がよくわかる例ではないでしょうか。

竹田　『朝日新聞』だったら当然こう書くだろうという内容ですので、特段、驚きはありません（笑）。「天皇の地位は天壌無窮の神勅に由来するものだ」というのはそのとおりなのですが、そのように言うと「時代錯誤」「皇国史観※だ」、そして「民主主義をなんだと思ってるんだ」といたずらに騒がれてしまうので注意が必要です。

天皇の地位の根拠は何か、というのは大変奥深いテーマですが、私だったらまず「天皇の地位の根拠は歴史の事実である」と述べます。「証拠はどこだ」と問われたなら、「それは『日本書紀』に書いてある！」と。このように答えた方が、反論されにくいんですよ。

久野　安藤議員も本来、天皇の地位を決めるのは日本国憲法ではなく、『日本書紀』にも、出てくる天壌無窮の神勅に由来する」という趣旨で伝えたかったはずです。それを憲法審査会ごときが、あたかも現行憲法「第一章　天皇」という条文の改正によって決めること自体がおかしいと言いたかったのでしょう。

現にこの答弁は、現行憲法第二条「皇位は、世襲のものであって、国会の議決した皇室典範※の定めるところにより、これを継承する」の後段について、「皇位継承のあり方について、また天皇陛下の譲位について、私たちが口を挟むべき内容なのか、我々はそれに口出しをするほど日本の皇室のあり方について日頃から熟考し、長い皇室の歴史について熟知をしているのか、そのことについて甚だ疑問を感じる」という問題提起から始まっています。

竹田　そうですね。ところが安藤議員のような言い方をすると、反日の人たちがすかさず、「『日本書紀』は事実かどうか」と突きつけられ、「アマテラスオオミカミは実在したのか」と問われ、「この神勅というものが本当に下った科学的根拠があるのか」と追及される。「そもそも、天空世界からニニギノミコト※なる神様が地上に降りてきてその子孫が天皇だという科学的根拠があるのか」と（笑）。まるで鬼の首をとったかのように攻めてくるのが目に浮かびます。ただ私にいわせれば、「天照大神《あまてらすおおみかみ》が天壌無窮の神勅を本当に下したのかどうか」というところは、もはやどうでもいい話で、「下したと理解されてきたという事実」が重要なんです。

久野　後世の日本人が現にそう理解し、信じた。そしてそのような物語から自分たちなりに日本の国柄を読み取り、日本の正史として受け継いできた歴史が今にいたるまで続いている。その歴史的事実を重んじるべきだということですね。

竹田　「天壌無窮の神勅に由来する」、それは確かに正しいのですが、私ならばできるだけ反論されにくいように「歴史の事実ですよ」という言い方で答えます。むろん、その中には「天壌無窮の神勅」も含まれている。「天壌無窮の神勅」が下りて、その子孫が日本を統治していると理解され、それを大切に尊重した人たちが天皇の存在を自ら守り続けてきたのが日本の歴史なんです。昭和天皇のいわゆる「人間宣言」（詳しくは後述）でも、天皇の根拠というのは歴史の事実だと述べられています。

久野　確かに『日本書紀』がもとになったというよりも、むしろ『日本書紀』が書かれた時点で、すでにそのような「事実」が積み重なって「歴史」が蓄積されていたという方が正確かもしれません。

我が国では歴史上、それぞれの時代の国難に際して自らの国柄を大々的に確認するということが行われてきました。しかも、それは時の天皇や権力者が独断で「決める」のではなく、常に建国の精神に「立ち返る」ことを呼びかけるのです。「十七条憲法」の聖徳太子しかり、「五箇條御誓文」「教育勅語」の明治天皇しかり。本来の日本および日本人のあり方を、国民や政治家に実践するよう求めたものです。

竹田 すでに天皇と国民との間の信頼関係が強固なものとして存在していて、そのような時に書かれた『日本書紀』の中に「天壌無窮の神勅※」という言葉があった。当時『日本書紀』を読んだ人も、それを違和感なく理解したわけです。やはり天皇と国民との関係が実態としてあったことの重みが大変重要ですし、しかもこのことは否定できない事実ですよ。二〇〇〇年間王朝交代がないのも事実ですし、天皇と国民と信頼関係で結ばれたこの関係性も事実なので、ぜったいに否定できない。これを重視したうえで、「天壌無窮の神勅」を見ると、非常にすっきりと理解ができます。

【注】

天壌無窮の神勅：瓊瓊杵尊が天孫降臨の際、天照大神より賜ったとされる「この日本の国は、私の子孫が王となるべき地である。皇孫であるあなたが行って治めなさい。皇室が栄えることは、天地がある限り永遠である」という意味の神命。
皇国史観：日本の歴史が、万世一系の天皇を中心として展開されてきたことを重視する歴史観。現在では、戦後の価値観でもって戦前の歴史観を批判する用語として使用されることが多い。
皇室典範：昭和二十二年（一九四七）一月十六日制定の皇位継承など皇室に関することを規定した法律で、日本国憲法第二条および第五条に基づいて制定された。戦前の明治二十二年（一八八九）二月十一日裁定された皇室の〝家法〟としての「皇室典範」とは区別される。
ニニギノミコト：天照大神の子である天忍穂耳尊《あめのおしほみみのみこと》の子で、「天孫」として高天原から日向国高千穂峰へ天降ったとされる。陵墓は宮内庁治定の可愛山陵《えのみささぎ》。
五箇條御誓文：明治元年（一八六八）三月十四日明治天皇が示した明治政府の基本方針で、正式には「御誓文」という。

神話の価値を認めないメディア

久野　安藤議員の発言は天皇と国民との信頼関係の本質をこうした場で確認できるチャンスでもあったのですが、メディアに発言内容を切り貼りされて叩かれて終わったのは残念でした。

竹田　以前、※森喜朗元首相が「神の国」発言（平成十二年）をして、もう日本中から袋叩きに遭ったことがありましたね。

久野　私は当時、大学二年生でした。森首相のあの発言には何の問題もないはずなのですが、その前後に「無党派層は寝ていてくれればいい」発言や「えひめ丸」事故の際のゴルフプレイなどマスコミによるネガティブキャンペーンが重なり、〝たくさんの悪いことのうちのひとつ〟みたいに書かれてしまいました。

竹田　でも森首相の「神の国」発言というのは、神社界の集まりでのものですよね。

久野　神道政治連盟国会議員懇談会結成三十周年記念祝賀会で、神職でもある綿貫民輔会長の代わりに挨拶《あいさつ》をした森首相が「日本の国、まさに天皇を中心としている神の国であるぞということを国民の皆さんにしっかりと承知をしていただく、その思いでですね、私たちが活動して三十年になったわけでございます」と言っただけです。その場で逆に「日本は神の国じゃない」なんて言ったら、とんでもないことになりますよね。

竹田　「神の国」など、普通に『古事記』『日本書紀』を理解している者からしたら至極当然の話です。批判する側は、たぶん「神の国」＝「国民の国じゃない」という発想なのでしょう。「この民主主義の時代に何が神の国だ」「日本国というのは日本国民のものなんだ」と言いたいのでしょうが、そもそもこの二項対立が本当なのか確かめる必要があります。これは根源的な問題です。日本国が「神の国」であり、「天皇の国」だとしたら本当に「国民の国」ではないといえるのかどうか。

久野 なるほど、あえて曲解しているわけですね。「神の国」か「国民の国」かのどちらしかないという二項対立にもってゆこうと。

竹田 たとえばそれは、ライオンは哺乳類だけど動物じゃないと言っているようなものです。哺乳類であることと動物であることに、何ら矛盾はありません。それをわざわざ二項対立に仕立て上げているだけのこと。だから日本は神の国であり、天皇の国であり、国民の国なんですよ。何故かというと、天皇にとってもっとも大切なことは国民が幸せになることだからです。つまり天皇の目指すものと国民が目指すものが完全に一致している。

久野 戦後の社会科教科書では、戦前の大日本国憲法は「天皇主権」、戦後の日本国憲法は「国民主権」と、さも対立しているような図式で教えてきました。戦後こういう表現で最初に書いた学者たちの本当の目的は、純粋に憲法が示す国家の在り方を伝えるということよりも、天皇と国民を対立概念であるようにイメージさせることだったのではないかと思えてなりません。

多くのメディアの主張も似たようなものです。竹田先生の『天皇は本当にただの象徴に堕ちたのか』（PHP新書）の読者には理解されているはずですが、日本は古来「○○主権」――つまり特定の誰かだけに最終決定権を持たせるような感覚自体馴染まない、「君民共治」の国柄があります。「国民主権」が謳《うた》われる日本国憲法でさえ、天皇の国事行為を定めた第六〜七条を見れば、天皇なしには内閣総理大臣も任命できず、政令・条約を公布することも国会を召集することもできず、まったく政治が動かないことは一目瞭然《いちもくりょうぜん》です。学者やメディアは確信犯だとしても、今の国民一般にそういう感覚がほとんどないのは困ったものです。もっとも国民の九割以上は、自然な感覚で皇室を崇敬していると思いますが。

竹田　「大御宝《おおみたから》」である国民の幸せは天皇の幸せであり、そしてそれは日本の神の幸せでもある、という認識はもっと知らせるべきでしょうね。神の望むところと天皇の望むところと国民の望むところとが一致しているからこそ、我が国は二〇〇〇年以上ひとつの王朝が続いてきたのです。したがって、「天皇は立派だ」と言うのであれば「国民も立派」なのでありそれ以外はない。

久野　戦後の憲法学や社会科の教科書では、「国民主権（主権在民）」「基本的人権の尊重」

国民と天皇を対立概念として扱おうとするのは、朝日新聞的思考にすぎません。

「平和主義（戦争放棄）」を日本国憲法の三大原理だと教えています。これは「八月革命説」を唱えた宮澤俊義以来、ＧＨＱ（連合国軍最高司令官総司令部）におもねった憲法学者たちによって通説となった表現です。

大日本帝国憲法にしても現行憲法にしても、憲法の基本原理・根本規範までは改正してはならないとされています。ポツダム宣言受諾により「革命」が起きて大日本帝国憲法が失効したことにして限界を超えた〝改正〟＝日本国憲法制定を正当化したのが八月革命説です。

八月革命説自体がいい加減なものですが、現行憲法の三大原理にしてもこれが大切だということ以上に、「戦前はそうじゃなかった」＝「軍国主義で、基本的人権なんて守られていなかった」という虚偽のイメージへと誘導する洗脳工作がもともとは主眼だったのではないかと疑うべきです。つまり、もとは日本人を思想改造しようとした占領軍の意に沿う形で喧伝《けんでん》された「国民主権」に今や日本人がすっかり囚われて、思考の大前提になっている。その結果、『古事記』や『日本書紀』で描かれたような神々とのつながり、皇室と国民との紐帯《ちゅうたい》が想像できなくなってしまっている。ここのところからまず何とかしなければなりませんね。

竹田　神武《じんむ》天皇の建国にあたって「八紘為宇」という言葉が『日本書紀』に記されてますけれども、ここから広まった「八紘一宇」という概念は、すなわち民主主義である国民主権のことなのです。戦争に明け暮れた時代に神武天皇が現れて、日本人同士で争うのはやめようということをおっしゃった。これが建国の動機なわけですが、だから日本人同士みんなで協力しあってみんなで幸せになろうと。日本人は皆ひとつの家族で日本列島は私たちの家であるというのが「八紘一宇」の意味です。これはまさに彼らが言うところの国民主権の原理であり、民主主義原理なんですよ。ところがその「八紘一宇」を日本の「侵略戦争」を正当化するスローガンであるとまったく逆の意味で捉えたのが戦後日本です。

久野　さっきの平和主義の話に関連して言えば、別に敗戦や日本国憲法のおかげで日本が平和主義になったわけではありません。そういう意味では、歴史上いちばん早くから国家として世界平和を唱えているのが日本だとも言えます。

竹田　あとでまた詳しく述べますが、「八紘一宇」というのは、日本国憲法の三大原理を総括するような言葉です。現に神武天皇が立ったことによって、日本国内の動乱は治まり、国家統合に向けた流れができるわけです。さらに基本的人権の尊重というのも、神武天皇の目指すところでした。神武天皇は国民のために国家をつくったわけで、「国民のために天皇がある」というのが第十六代仁徳《にんとく》天皇の言葉ですから。したがって、日本国憲法の三大原則と『日本書紀』の記述は矛盾することは何もないと私は言い切れますね。

【注】

森喜朗元首相が「神の国」発言：平成十二年（二〇〇〇）五月十五日、神道政治連盟国会議員懇談会において森喜朗首相（当時）が行った発言。マスコミや反天皇的諸団体が強く批判したが、森首相は翌日の記者会見で「日本の悠久の歴史と伝統文化という意味で申し上げており、戦後の主権在民と何ら矛盾しない」と述べた。

『日本書紀』は世界に誇れるグローバル歴史書

久野　さて、前置きが長くなりましたが（笑）、ここからはいよいよ『日本書紀』自体について、お話ししたいと思います。

『日本書紀』というのは教科書でも出てくるとおり、奈良時代のはじめ養老四年（七二〇）に編纂された漢文の編年体の神話プラス歴史書のように理解されていると思うんですが、改めて成立の経緯を振り返ってみましょう。

竹田　『日本書紀』は漢文で、もうちょっと正確に言えば古代中国語で書かれています。初めて聞いた人はビックリすると思うんですけど、『日本書紀』は外国語で書かれているのです。当時のアジアの共通言語――今で言えば英語がそれに該当しますが――であった中国の言葉によって日本の公式記録は書かれたのです。しがって、当時の中国人はもちろんのこと、朝鮮であろうがベトナムであろうが、アジアのどの地域の人にも読んで理解することができた。

『日本書紀』が外国語で書かれているということから、本書の目的というのはある程度想像がつきます。日本人だけが読んで理解すればいいものであれば、『古事記』のような大和言葉で書かれているはずです。では日本人は『日本書紀』を読まなくていいのかというと、そうではなくて、日本人も読めるし、外国の人も読める。「日本の歴史というのはこういうものだ」ということを、日本国内だけでなく外国の人にも伝えるために『日本書紀』がつくられたと推測することができますし、実際に書かれている中身を見てもそれがわかります。

久野　私も自分の講義などでそのことに触れると、興味ある人がインターネット上で原文を探してきて「どっちも漢字で書いてあるじゃないか」とか言ってきます。そこで、『古事記』は漢字を当て字で仮名として使っていて、『日本書紀』の方は正真正銘の漢文だということを説明するわけですが、『古事記』の方の大和言葉いわゆる万葉仮名というのは、今の人にとってはなかなかピンとこないようです。

竹田　わかりやすく言うと、当時の中国人が読めたか読めなかったか、という大きな違いがありました。『日本書紀』は、当時の中国の人だったら読めたわけです。ところが彼らが『古事記』を読んでも、チンプンカンプンでわからなかった。要するに漢字というのはもともと文字ひとつひとつが意味を持っていて、これを「表意文字」と言います。対して「あいうえお」とか「ABCD」といったひらがなやアルファベットは「表音文字」といって、ひとつひとつに意味はなく音を表現するだけで、そうした文字がいくつか並んだときに初めてひとつの単語となって意味を持つ。たとえば「PEN」という単語は「P」「E」「N」そのものに意味はなく、この三文字が揃って初めて「ペン」という意味を持つわけです。もともと中国語というのは表意文字ですから、ひとつひとつに意味があったのを、『古事記』を書き上げた太安万侶《おおのやすまろ》（?〜七二三）はそれをもとに表音文字としての万葉仮名を自ら編み出した。ひらがなもカタカナもない時代に、日本語の音を伝えようとしても文字にはできなかった。文字というのは漢字しかなかったため、この漢字を使って地名とか人名を表現しようとすると、表現できないんですね。そこで苦心した末に、漢字から意味をとってしまって、音だけを表現するものとして使い直した。これは、太安万侶の革命的な発明です。

久野　今で言えば、暴走族の「夜露死苦《ヨロシク》」みたいな感じで……。

竹田　使用する漢字に意味はないから、たとえば「代呂四句《ヨロシク》」などでもいい。これは「あ」という音として使う、「い」という音として使う……と一個一個日本語の五十音に漢字を当てていった。それで地名とか人名とか、固有名詞を書いているから、そんな使い方をしているとは知らない中国の人は、一字ごとに意味があるもんだろうと思って読むと、文法的にもメチャクチャで意味も通じません。まったく読めなかったはずなんですね。そしてそれがさらに「あいうえお」「カキクケコ」とひらがな・カタカナに省略されていく。よその国で、表意文字と表音文字を両方並列して使っている言語というのは、私の知る限りありません。

久野　韓国は、朴正熙《パクチョンヒ》政権下で漢字をやめてしまいましたからね。日本でいうところのひらがなしかない。日本人からすれば、恐ろしく不便で読みづらいのではないでしょうか。

竹田　韓国が問題なのは、漢字を禁止することによって、古典を読める人がほとんどいなくなってしまったことでしょう。古典は漢字で書かれています。つまり今の韓国は歴史と断絶状態にあるということです。

漢字をもっとも巧みに使いこなしてきたのは日本人です。中国人は四〇〇〇年間、漢字を使っていますが、まだ万葉仮名も発明していません。

万葉仮名を駆使して書かれた『古事記』と完全なる外国語で書かれた『日本書紀』の大きな違いです。

久野　その太安万侶の発明を引き継いだのが、カタカナを編み出した※吉備真備《きびのまきび》でしょうし、そして平安文学で「女文字」であるひらがなを編み出した※『源氏物語』の紫式部など女流文学者たちですね。奈良時代のこの時点で、すでに『古事記』『日本書紀』が両方とも存在したというのは、日本の文字文化の豊かさを示すひとつの象徴的な話です。

竹田　日本がすごいなと思うのは、ただ中国の音を乗せているだけではなくて、一個一個日本語の意味を乗せていって、中国の音と日本の音（訓）両方ともひとつの漢字に持たせていることです。これはかなり高度なことですよ。

久野　私は昔から戦前の海軍の本を読んでいたんですが、小学校のときにそういう大人向けの本を読むと、軍艦の名前とか読みの難しい漢字がたくさん出てきます。それを読むために、漢字辞典でも買えばよかったのですが、そのときの私はなぜか漢和辞典を買ってしまいました（笑）。お年玉で『学研漢和大辞典』を買って、漢字の読み方を調べているうちに、音読みの中でさらに「呉音」※と「漢音」があることを知ります。日本人は子供のときからそういう漢字を学ぶことで、中国人からすれば複数の言語をまとめて習っているようなすごい教育を古来よりやってきたのだと。

竹田　すごいですよね。しかも漢文を読むときに、「レ点」とか「一二点」とかあるじゃないですか。あれもよく考えたらすごいですね。

久野　ともすれば中国人自身が読み方がわからなくなっているかもしれない古典を、日本人は、しかもそれを昔の日本人が読んだまま読むために、工夫をしている。

竹田　たとえば、英語の文章に「レ点」「一二点」をつけてやれないこともないですけれども……カタカナで、送り仮名とかふったり（笑）。

久野　現代でいえば、英語の入試とかで「この英文に返り点を打ちなさい」といった問題が出てくるということですよね（笑）。

竹田　私たちが何気なく使っている、ごく普通の日本語の源流が『古事記』に見られ、それを完全に中国式で書かれた『日本書紀』と対比することによって、先人たちの工夫が改めてよくわかりますね。


【注】

吉備真備（六九五〜七七五）：奈良時代の学者、政治家。留学生として唐に渡り、帰国後に右大臣まで昇進。漢字をもとにカタカナを編み出したほか、囲碁などを唐から伝えた人物として伝わる。

源氏物語：第六十六代一条天皇の中宮 彰子《しょうし》に仕えた紫式部（九七三？〜一〇一四？）により十一世紀初め頃に著された、当時の貴族社会を描いた物語。世界的に有名な女流文学で、世界最古の長編小説とされる。

「呉音」と「漢音」：日本漢字の音読みのうち、唐代の都長安付近の発音が平安時代初期までに遣唐使や留学生によって学び持ち帰られたものを漢音、それ以前すでに日本に定着していたものを呉音という。

「一書曰《あるふみいわく》」の存在

久野　『日本書紀』の漢文が当時のグローバル言語だったように、『日本書紀』自体が当時のグローバル歴史書だったことになります。そのグローバル歴史書の地位を確固たるもののにしているのが、「一書曰《あるふみいわく》」という脚注といいますか別伝の紹介です。

竹田 「一書曰」は『日本書紀』の最初の方にたくさん出てきます。これが、ひとつの物語にまとめ上げている『古事記』との大きな違いです。『古事記』は「別の本にはこんな指摘もあるよ」「別の本にはこんな物語もここに入ってるよ」という、別伝のようなものは一切取り入れていません。

それに対して『日本書紀』は、本文だけではなくて「ちなみにこういう見解もある」「こういう物語も別の書物には書いてある」というような形で「一書」がいっぱい紹介されているのが大きな特徴です。『古事記』はひとつの物語にまとめあげるのが主旨でした。「これが私たちの先祖の日本建国の物語だ」と取捨選択してまとめ上げたわけですね。

久野 物語性重視だということですね。

竹田 『日本書紀』の方も公式記録ですから、途中から「一書曰」というのは出てこなくなるんです。

久野 いわゆる〝人間の天皇〟の時代になったあと、出てこなくなる。

竹田 よくわからない神代の部分で「一書曰」がいっぱい出てきますが、もし「一書」を入れなければ、本文で採用しなかった物語は永遠に失われてしまうわけです。『日本書紀』

に本文では採用しなかった「一書」を書いてくれることによって、それが今でも私たちが目にする形で残っています。

特に『日本書紀』は時代を遡って書いていますから、当時の最新の事情を淡々と記すだけだったら、「一書」なんて用いる必要はないのですが、神代の話を書こうとしていますので、話が失われないようにしっかり別伝も収録してくれているのが大変丁寧なつくりになっていると思いますね。後世の人が神代を理解するうえでこの「一書」が書かれていることによって、より立体的にイメージできるようになっている。今から考えると大変ありがたい配慮だと思うのです。

久野　驚くのは、『日本書紀』冒頭のいわゆる天地開闢《てんちかいびゃく》のところ、「古《いにしえ》に天地未《あめつちいま》だ剖《わか》れず……」――つまりこの世が生まれましたという行《くだり》でいきなり「一書曰」で別の説を紹介しています。聖書の天地創造で「はじめに神は天と地とを創造された」と書いてある直後に、「別の説もアリ」などと書くことはありえませんよね。

竹田　ありえない。まさに、それが聖書でいうところの「無謬性《むびゅうせい》」でしょう。「聖書に書かれていることは絶対に誤りがない」とされている以上、その聖書が別伝を言い始めたら矛盾をきたしてしまう。それに比べ、『日本書紀』はいわば余白を持たせてくれているというところが、やはり公式に伝えようとするうえでの配慮なんだろうと思います。

久野　ここに日本の精神が如実に表れているのでしょうね。『日本書紀』を貶《おとし》めようとする人たちの中には、『日本書紀』が特定の権力者の意向によって、自分たちを正当化するために書かれたのだと強調したがる人もいます。本当にそうだとしたら、わざわざ「一書曰」なんて一切いらないわけですよね。

竹田　そのとおりだと思います、「こうだった」と言い切ればいいわけですから。

明治維新と『日本書紀』

久野　『日本書紀』の精神に一定の普遍性があるからこそ、日本が幕末から近代へと脱皮する過程において改めて必要とされたところがあったと思います。いわゆる明治維新の本質は「王政復古」であり、それがまさに『日本書紀』に記された日本の建国以来の歴史・精神に立ち返る、そして古来の統治に立ち返るという側面が大変強かった。やはり日本という国を動かす層にいる人たちの心の中には、常に『日本書紀』があったと考えられます。

竹田　『日本書紀』では建国の原点を知ることができますが、何か困ったときに原点に立ち返るというのは、何も国に限ったことではないと思います。たとえば世界的企業であるトヨタにしても、他所から来た人がずっと会長をやっていたところに、豊田一族の方がまた会長に返り咲いた。つまり原点に戻る、トヨタの原点を見つめる、そういうことが必要になった。

それと一緒で、何か危機に瀕《ひん》したり、何か大きな改革をしたりするときにはまず原点に返る。こういうのはよくある話で、長い徳川の時代からまた移り変わってゆくときに、そもそも日本というのはどういう国なのか、そもそもなんで徳川氏が実権を握っていたのか——ということに向き合って日本の原点に戻ることが重視されたのでしょう。何でも過去に戻ればよいというのではありません。明治維新の主旨というのはふたつの柱があったと思います。

ひとつ目は、神武建国の精神に立ち返るということ。ふたつ目は、欧米の良いものを取り入れるという※文明開化です。

建国に立ち返りつつ文明開化を興すということで、一見相反するようなものですが、古来大切にしてきたところは何なのか、そして新たに取り入れなくてはいけないものは何なのか、この両方を実現しようとしたのが明治維新だと思います。
ただの改革でもないし、保守だけの凝り固まった発想でもない。でもこれこそが、本来の「保守」ですよね。何かを守るために変えなくてはいけない。これこそが保守のための改革であり、本来の改革なので、そういう意味では過去に戻りつつ未来をも見据えるということは、大変バランスのとれた方針だと思います。

久野　特定の団体を必ずしも指すわけではないですが、もし「維新」という名のつく政治勢力があるとすれば、本来そういうこともきちんと踏まえたうえで改革をしてゆかなければなりませんね。

竹田　「何でもぶっ壊す」というのではダメでしょうね。逆にいえば壊すだけなら反日勢力にもできる。そうではなくて、何かを守るために改革をするということです。それが、本来の政治のあるべき姿だと思いますね。

【注】
文明開化：世の中が開けて生活が便利になること。特に明治初期、西洋文明を積極的に模倣し、急速に西洋化・近代化した現象。

幕末に神道を取り戻した日本人

久野　国を動かした幕末の志士たちもそうだったのだと思います。武家政権誕生からしばらく仏教全盛、生まれてから死んだ後のお葬式までずっと仏教的な生活に染まっていた日本人が、再び幕末に神道を取り戻します。一命を国のために捧《ささ》げた人、とりわけ国のために戦って死ぬなど特別な功績があった人たちのお墓をつくるだけでなく、神様としてお祀りし顕彰する、日本古来の神道にもとづく精神に立ち戻ったというのが象徴的です。ただ、現在でも幕末時代劇は大人気ですけれども、神道を取り戻したとか、建国以来の精神に立ち返ったというような描写は、残念ながら盛り込まれることはほぼありません。

竹田　江戸時代という時代がもう暗黒の時代で、それを打ち壊して西洋のものを受け入れてようやく日本に光が射したというような史観で凝り固まってしまっているんですよね。最近ようやく、江戸時代の良いところと悪いところというのが見えるようになってきましたし、反対に明治維新の闇《やみ》の部分にも光が当たるようになったのはよいことだと思います。

久野　歴史を見るうえで、両面を押さえるバランスが重要ですよね。なんでも一方的に正しかった、なんてことはないですから。

江戸時代の日本はいわゆる鎖国によって後進国になったように言われますが、西洋型の産業革命を経験しなかったことを除いては、目覚ましい発展を遂げています。明治を迎える時点での識字率は低く見積もって四〇～五〇パーセント（イギリスは半分程度）で、これは当時世界最高水準です。

また民生においても江戸の町には上水道が行き渡っていて、大坂の米商人たちは世界に先駆けて先物取引（デリバティブ）を行っています。

ついでに悪い点も挙げれば、八幡和郎氏などが指摘するように、鎖国と地方分権の弊害として飢饉《ききん》の際に何度も大量の餓死者を出してしまったということはあります。こういう点は、近代に入ってから改善されることになりますし、〝地方分権の危うさ〟としても本来教訓になるはずですが。

竹田　どの時代にも光と影があり闇がある。これは常識です。だからこそ日本の歴史を振り返ったときに「ここは守ってゆかなきゃいけない」「ここは変えてゆかなきゃいけない」というのが見えてくる。『日本書紀』を読むことで、大変古い時代に先人たちがどんなことを大切にして、どんな国を建てようとしていたのかという原点、二〇〇〇年の時間軸の原点というものを知ることができるようになるのです。

二〇〇〇年来ずっと日本の国が続いていて、『日本書紀』があるのは、私たちにとって本当にありがたいことで、やはり建国の精神として普遍的な考えを打ち立てていたはずなんです。そこに立ち返ることができる——企業だったら松下幸之助（松下電器産業の創業者）の精神に立ち返ることができる、というのはいいですよね。大学にしたって慶應義塾の場合は、福澤諭吉先生（一八三五〜一九〇二）の建学の精神というものを、今でも遡って知ることができます。

久野 ただ残念なことに「福澤精神」については、ちょっと注意をして学ぶ必要があるかもしれません。戦後は慶應義塾出身者でも、「福澤先生は中国・朝鮮人差別主義者だった」というようなデタラメを平気で言っている始末です（苦笑）。

竹田 （苦笑）。

久野 そういう人は、立ち戻り方を間違えているということになりますね。それと先ほど松下幸之助の名前が出てきましたが、私もこれまで全国五百社以上の神社について、宮司さんにもお会いして調査・取材をしてきましたけれども、たとえば戦後神社を再建したとか、神社がピンチになったときに多額の奉納をしたという話で、飛び抜けてよく名前が出てくるのが松下幸之助なんです。創業の精神に立ち返ろうというときに名前が出てくる経営者は、敬神の念を強く持っている、つまりその人自身も大事な基本にしっかり立ち返ることができる人だったんだなぁということを改めて教えられました。

竹田　確かに、日本中いろんな神社に行くとよく名前を見ますね。

久野　松下幸之助は、計百八十一巻にも及ぶ『神道大系』の編纂（昭和五十二年〜平成二十年）にも莫大な資金を出しています。

神道大系編纂会の会長として「神道大系刊行発刊の辞」では、日本の戦後復興について「まさに世界の驚嘆するところでありますが、かえりみてその精神的復興、再建を考えますとき、今日、お互いに世界の師表として誇るべき姿になっているとは決して言えないのであります」。そして「日本人がその本来の姿を見失って、真に世界に貢献するということはできません。まして、来るべき二十一世紀を目ざして、物心ともに世界の繁栄に寄与することを念願するとき、私どもは、長い歴史のうちに先人が創造してきた貴重な精神的遺産を、もう一度、根底から見直すことが、何よりも大切であると思います。なかでも神道と呼ばれるものは、日本人固有の精神的所産であり、日本人としてのいわば魂の原点がここにひそんでいるとも言えましょう」と述べています。

この事業には、他の多くの財界人も協力することになります。ただ単に経営手腕があるとか、金儲《もう》けがうまいとかを超えた精神を持った経営者こそが、日本の資本主義社会を支えてきたのだということも、再確認しておきたいです。

竹田　『古事記』『日本書紀』そして神々に敬意を払うということで、謙虚な気持ちになりますよね。やはり『古事記』『日本書紀』を大切にしている人に、変な人はいないと言えると思います（笑）。

第二章

現代にも生きる『日本書紀』の精神

大日本帝国憲法と『日本書紀』

久野　次に大日本帝国憲法と『日本書紀』の関係についてですが、やはり、近代日本にとって大日本帝国憲法制定は非常に画期的なことだったと思います。大日本帝国憲法を制定するときも、『日本書紀』も含めて神話からの伝承をどうするかということが重要な議論になっています。

竹田　大日本帝国憲法を起草した経緯を見ると、そこに大変重要な配慮というか知見があります。それは憲法に「神話を持ち込まない」という方針です。

久野　先人たちは、あえて神話を持ち込むことを避けた。それは、何も神話を無視したのではなく、その精神を守ったうえで、表現としては避けたという配慮ですね。

竹田　大日本帝国憲法を起草した井上毅《こわし》（一八四三〜九五）が大変注意したのが、そこなのです。確かに、憲法の条文に神話を持ち込んで書くこともできたはずです。ところがもしそうすると『古事記』『日本書紀』を信じない国民に対しては説得力がなくなってしまう恐れがあった。神話は「事実か、事実じゃないか」という批判は江戸時代から行われていたものです。
そういうことを考えると、憲法というのは思想信条を問わず、あまねく日本人に尊重してもらわなければいけないものですから、普遍性を持たねばならない。しかしながら、井上毅は『古事記』『日本書紀』を軽視しているのかというとその真逆で、憲法を起草するうえで『古事記』『日本書紀』の精神をいかに取り込むべきかということに精力を傾け徹底して読み込みました。そして実際、憲法にはあえて神話を持ち込まずに天皇の地位の根拠を説明したわけです。

久野　第一条「大日本帝国ハ万世一系ノ天皇之《これ》ヲ統治ス」ですね。

竹田　「万世一系」の、つまり天皇が憲法よりも先だということです。ですから天皇の地位の根拠は憲法ではありません。もう少しわかりやすく言うと、上皇陛下は昭和天皇の位を引き継いだ。昭和天皇は大正天皇の位を、大正天皇は明治天皇の位をというように初代の神武天皇までどんどん遡《さかのぼ》っていく。これが万世一系です。井上毅はそのことを一言で示したわけです。
本書の冒頭で歴史の事実として捉えた方が「反論されにくい」と言ったのは、このことです。

久野　条文では露骨に盛り込まない代わりに、告文《こうぶん》の方では「天壌無窮ノ宏謨《こうぼ》ニ循《したが》ヒ惟《かん》神《ながら》ノ宝祚《ほうそ》ヲ承継シ」というふうに触れています。

竹田　憲法自体は、神話を持ち込まずして、『古事記』『日本書紀』の精神を完全に取り込んでいるのです。

アメリカは『日本書紀』の価値を知っていた

久野　神話をしっかり踏まえて、何とかそのエッセンスを引き継ごうという意思が体現されている。そういうふうに大日本帝国憲法を考えると、『日本書紀』の話は外せないわけです。ところが戦後、『日本書紀』が日本人の精神の根源になってきたということについて、ともすれば日本人自身以上に注目していたのが、実はアメリカでした。

中西輝政京都大学名誉教授は、アメリカが昭和十七年五月の時点で「『日本書紀』という史書をいかにして日本人の教育や学問の研究の中から追い出していくかが大事だ」という趣旨を課報機関の文書で書いていることを指摘しています。日本人に『日本書紀』はまったく信用できない書物だと思わせることが、日本が二度とアメリカの脅威にならない大事な手立てのひとつであることを見抜いていたわけです。

敵だからこそ、『日本書紀』を土台とした強靭《きょうじん》な精神が逆によく見えた。昭和十七年五月といえば※ミッドウェー海戦により戦局が逆転する前のことで、すでにこの時点で自分たちが戦争に勝つという前提で、戦後の占領政策を考えていることにも恐れ入りますが。

実際、戦後はＧＨＱの指導、そしてそれに従った日本人が先回りする形でどんどん神話を自ら捨ててゆきます。公教育の場から、神話がすっかり消えてしまったというのが現状です。


竹田　それがどれだけのインパクトであるかは、アメリカから完全に聖書というものを消し去ったらどうなるか、ということを考えたら、よくわかるはずです。

大統領が選挙のあと就任するときに、聖書に手を当てて宣誓します。裁判所もそうです。やはり裁判官は神の使いということで、聖書の精神を具現化する役割を与えられています。だから聖書は無謬《むびゅう》性、書かれていることは完全に正しいという前提に従って善悪を判断する裁判官がいたり、政治を行う政治家がいたりする。

さらにいえば、アメリカの祝日も聖書に依拠したものですから、キリスト教社会のアメリカはクリスマスを挟んで大型連休になるわけです。もし、日本が戦争に勝って、本来日本人にはそういう趣味はないですけど、アメリカ人の精神をとことん骨抜きにしてやろうとしたとすると……。

久野　たとえば、日本側がＧＨＱのようなものをつくってワシントンに陣取って、「国家耶蘇《やそ》教ニ対スル政府ノ保証、支援、保全、監督並ニ弘布ノ廃止ニ関スル件」とか言って『聖書指令』を出したり……。

竹田　そうそう、「キリスト教解体」を行い、政教分離（権力者が特定宗教を政治上特別扱いしないこと）を厳格にして「聖書というのは危険な思想の文書だ」と、徹底的に弾圧をしたらどうなったかということです。そしたら、アメリカは相当弱体化したはずですね。ヨーロッパでもイギリスでもそうでしょうけれども、そういうことをやったら全然違う国になってしまう。そのインパクトを、ＧＨＱはわかっていたと思うんです。

久野　キリスト教ならば、宗派の違いはあっても、アメリカ以外にもキリスト教国はたくさん存在しています。神道の場合は、日本がもし神道を捨てたら神道自体がこの世からなくなってしまう。それくらい危機に立たされていたことになります。

【注】
ミッドウェー海戦：昭和十七年（一九四二）六月、ミッドウェー島攻略と敵機動部隊撃滅を企図した日

本海軍がアメリカ海軍に敗れ、空母四隻を失うなどの大損害を受けた。この海戦とその後のガダルカナル島をめぐる消耗戦により、日米戦争の戦局が逆転する。

実在しないわけがない初代天皇

久野 そして現在も、『日本書紀』を否定する戦後の風潮は確固として根付いています。たとえば、二〇一五年の参議院議員選挙の際、神奈川選挙区で当選が確実となった自民党の三原じゅん子参議院議員が、選挙特番で池上彰氏の問いに答えて「神武天皇は実在の人物」という趣旨のことを述べて話題になりました。

池上「先ほどのＶＴＲの中で、神武天皇以来の伝統を持った憲法をつくらないといけないとおっしゃってましたね。どういう意味なんでしょうか。明治憲法の方が良かったということでしょうか？」

三原「すべての歴史を受け止めて、という意味であります」

池上「神武天皇は実在の人物だったという認識なんでしょうか？」

三原「そうですね。いろんなお考えがあるかもしれませんけど、私はそういうふうに思ってもいいのではないかと思っています」

池上「あ、そうですか！　学校の教科書でも神武天皇は神話の世界の人物で、実在していた天皇はその後だということになってますが？」

三原「神話の世界の話であったとしても、そうしたことも含めて、そういう考えであってもいいと思います」

池上「神話も含めて日本の歴史を大切にした憲法にしなければいけない？」

三原「はい、そうですね」

このあとスタジオにカメラが戻って、〝欠席裁判〟状態で改めて池上氏が神武天皇は実在しなかったんだと念を押します。実際は、宮内庁の公式サイトでも歴代天皇が書いてあって、初代天皇が神武天皇と記されています。もし国会議員、特に与党議員が「神武天皇はいなかった」と言ったとすれば、そっちの方が大問題ではないでしょうか。ところが、テレビばかり観ている人たちからは、池上彰氏は何でも知っている知識の神様みたいな存在と思われているようですからね。

竹田　神武天皇が実在したかどうかというのは大変簡単な話で、論理的に言えばこれは実在したという以外はありえません。神武天皇の本質は「初代天皇である」ということです。もちろん神武天皇の時代は二〇〇〇年以上前ですから、史実としてはよくわからないことが多いのはそうなのですが、現在の天皇陛下がいらっしゃる以上、誰かが〝初代〟だったわけで、その初代を神武天皇とお呼びしているわけです。「何世紀の人物か？」と言われたら、これはいろんな学問的な議論の余地がありますけれども、神武天皇自体は論理的に実在したという他はないのです。

久野　『日本書紀』が伝えるところによると、初代天皇（神武天皇）は「神日本磐余彦《かむやまといわれびこの》天皇《すめらみこと》」、第二代（綏靖《すいぜい》天皇）は「神渟名川耳天皇《かむぬなかわみみのすめらみこと》」、第三代（安寧《あんねい》天皇）が「磯城津彦《しきつひこ》玉手看天皇《たまてみのすめらみこと》」と、今の我々が認識している、あるいは宮内庁の公式サイトでリストになってる歴代天皇の馴染《なじ》みのある御名ではない書かれ方です。神武、綏靖、安寧、懿徳《いとく》……というのは八世紀後半の、それこそ『日本書紀』が編纂《へんさん》された後になって奉られた漢風《※かんふう》諡号《しごう》というものです。淡海三船《おうみのみふね》が第四十四代元正《げんしょう》天皇まで一括して諡《おくりな》を奉上した。たとえば神武天皇の御代に「私の名は神武といいます」などと名乗っていたわけではありません。そこを一般の人はよく勘違いをして、歴史学者が「神武天皇というのはあとからつくられた」とか言ってる、当時は神武天皇と名乗っていないじゃないか、じゃあいなかったんじゃないかと結論づけるわけです。『日本書紀』を否定したがる歴史学者の側も、わざとその辺りを誤解するように仕向けている。「神武」と名乗る存在が初代天皇になったのではなく、実際に存在した初代天皇のことを「神武」とあとから名付けたというのが本質です。

竹田　『古事記』とか『日本書紀』だって編纂されてからまだ一三〇〇年――つまり、二〇〇〇年以上前の出来事を一三〇〇年前の段階で書いてるので、神武天皇から何百年も経ってようやく文字に書き起こされたものです。

ただ初代の伝承というのは特に継承されやすく記憶にも残るので、『古事記』『日本書紀』の神武天皇の記述の中には事実を反映したことが書かれているはずです。そして、繰り返しますが初代天皇のことを「神武天皇」と呼ぶことに決めたわけですから、神武天皇がもしいないということになると、初代天皇がいなかったということになってしまうわけです。

久野　松下電器（現・パナソニック）があるのに、創業者の松下幸之助はいなかったと強弁しているようなものです。

【注】
漢風諡号：この場合は天皇崩御後の諡《おくりな》で、御代における事蹟を評するなどして漢語で奉るもの。

現代日本も『日本書紀』をもとに動いている

久野　テレビの情報に影響されて日本人自身が神武天皇の実在や、『日本書紀』の価値を否定しかねない世相ですが、実際は現代日本も『日本書紀』に基づいて動いています。その最たる例が祝日でしょう。祝日法に定められた祝日のほとんどが『日本書紀』を土台とした、天皇や皇室に関係する祭儀や出来事が起源になっています。

竹田　日本人にとって重要な日だから、祝日になっているわけです。以前は旗日《はたび》といって、日の丸を飾ってお祝いをするのが当たり前でした。祝日というのは官庁も銀行も、学校も多くの会社も休みになります。なんで祝日があるかといったら、学校行ってる場合じゃない、会社で働いてる場合じゃない特別な日だからです。

たとえば二月十一日は「建国記念の日」であり、日本の建国を祝う日なので、学校に行っている場合ではない。みんなで建国のことに思いを馳《は》せて、「日本に生まれたことのありがたさ」を共有する、そういう時間にあてるために、わざわざ学校や会社を休みにしているわけですから。

日本の祝日の大半が『日本書紀』が起源なわけです。ところが二月十一日には、建国を祝う行事が各地で行われる一方で、反日の人たちが別の公民館とかで「『建国記念の日』粉砕闘争」とかやっているわけです。そういう人たちは、なんで今日会社を休んでるんだって話ですよ。

久野　つまり建国記念日の起源である『日本書紀』を否定するくせに、『日本書紀』の恩恵にあずかる。インターネット上で「グローバリゼーション反対!!」って全世界に向けて必死に拡散するのと同じですね（笑）。

竹田　インターネットを使ってるじゃないか、って話ですよね（笑）。建国記念の日を認めないんだったら、会社に行って働かなきゃいけないわけで、休んで活動している時点でもうすでに『日本書紀』に絡めとられているのではないかと思いますね（笑）。

久野　改めて、『日本書紀』の潜在的パワーに気づかされます（笑）。

先ほどの「学校行ってる場合じゃない」というのは、「学校で普段どおりの勉強している場合じゃない」くらいの意味でしょうか？　私も戦争経験者の話を聞く際に、戦前はど

祝祭日変遷一覧

	1月1日	1月3日	1月5日	1月第2月曜日	1月15日	2月11日	春分の日	4月3日	4月29日	5月3日	5月5日	7月第3月曜日	7月20日	9月第3月曜日	9月15日	秋分の日	10月第2月曜日	10月10日	10月17日	11月3日	11月23日	12月23日	12月25日
S2・3・3	四方節	元始祭	新年宴会			紀元節	春季皇霊祭	神武天皇祭	天長節							秋季皇霊祭			神嘗祭	明治節	新嘗祭		大正天皇祭
S23・7・20	元旦				成人の日		春分の日		天皇誕生日	憲法記念日	こどもの日					秋分の日				文化の日	勤労感謝の日		
S41・6・25	元旦				成人の日	建国記念の日	春分の日		天皇誕生日	憲法記念日	こどもの日				敬老の日	秋分の日		体育の日		文化の日	勤労感謝の日		
H1・2・17	元旦				成人の日	建国記念の日	春分の日		みどりの日	憲法記念日	こどもの日				敬老の日	秋分の日		体育の日		文化の日	勤労感謝の日	天皇誕生日	
H8・1・1	元旦				成人の日	建国記念の日	春分の日		みどりの日	憲法記念日	こどもの日		海の日		敬老の日	秋分の日		体育の日		文化の日	勤労感謝の日	天皇誕生日	
H12・1・1	元旦			成人の日		建国記念の日	春分の日		みどりの日	憲法記念日	こどもの日		海の日		敬老の日	秋分の日	体育の日			文化の日	勤労感謝の日	天皇誕生日	
H15・1・1	元旦			成人の日		建国記念の日	春分の日		みどりの日	憲法記念日	こどもの日	海の日		敬老の日		秋分の日	体育の日			文化の日	勤労感謝の日	天皇誕生日	

のように祝祭日、特に四方節（一月一日）・紀元節・天長節（四月二十九日）・明治節（十一月三日）という「四大節」の日を過ごし方について触れられることがあります。
四大節には朝早くに学校へ行って、まず奉安殿で御真影《ごしんえい》（天皇の写真）を奉拝し、校長先生から「今日はこういう日だ」という話を聞いたあと、紅白饅頭《まんじゅう》をもらって帰る——そんな感じだったようです。だから昔はそういうふうに全国民、少なくとも学校に通う子供たちが全国こぞって、心をひとつにお祝いしている習慣があったと。

竹田　日本だけでなく、アメリカではイエス・キリストが生まれたクリスマスは教会に行く。そしてアメリカの建国の日にあたる独立記念日は、学校に行って勉強しているよりも、もっと重要なことがあるわけです。
アメリカが建国した日を毎年お祝いすることによって、アメリカ人はアメリカ人で生まれたことの喜びを共有できる。そういう大切な日なのですね。だから日本の祝日の一覧を見れば、そこに日本人のアイデンティティ、日本らしさというものを見ることができる。その根底に『日本書紀』があるというのは、一目瞭然《いちもくりょうぜん》でわかるはずです。

久野　反国家的・反天皇的な人ですら絡めとってしまう祝日には、残念ながら現在では一部、皇室や『日本書紀』にまったく関係ないものもあります。たとえば明治天皇ゆかりの

「海の記念日」を起源とする「海の日」に対して、平成二十八年に制定された「山の日」は今のところもっとも新しい祝日ですが、その由緒や日程選定は何ら皇室に関係ありません。

竹田　「山の日」はそもそも発想が貧困で、「海の日」があるのに「山の日」がないのはおかしいと。つまり山関係の仕事をしている人たちが、自分たちのビジネスを盛り上げたいがために「山の日」を設定しろと言い始めたのです。

久野　「海の日」だけじゃズルいと。

竹田　仮に儲《もう》けたいから「山の日」をつくるという発想があったとしてもいいですが、でもそれならせめて、たとえば山の神である大山祇神《おおやまつみのかみ》にまつわる日に決めるとか……。

久野　関係者は大山祇神社（愛媛県今治《いまばり》市）にみんなで参拝しましょう、とかそういう日にすれば……。

竹田　ならばいいんですけれども、どういうことかって、「やっぱり山だから夏だろ」というような話で、最初お盆休みに合わせて八月十二日に決めます。ところがその日は日航機123便が御巣鷹山《おすたかやま》に落ちた日（昭和六十年）で、その日を「山の日」としてお祝いするのは不謹慎だと一日ずらしたという。そういうわけで、まったく何の根拠も意味もない

山の神であると同時に海上交通の守護神としても崇敬されてきた大山祇神社（愛媛県今治市）

日が「山の日」になった。

久野　「海の日」の方はもともと、明治九年（一八七六）七月二十日に東北巡幸から還幸された明治天皇の横浜入港にちなむ「海の記念日」でした。これが平成七年（一九九五）に祝日「海の日」となった経緯があり、立派に皇室と関係する祝日です。

【注】

日航機123便が御巣鷹山に落ちた：昭和六十年（一九八五）八月十二日、羽田発伊丹行の日本航空123便が離陸直後から迷走状態となり、高天原山《たかまがはらやま》（群馬県多野郡上野村）の尾根（通称：御巣鷹の尾根）に墜落。乗員乗客五二四名中死者五二〇名で、単独機の事故としては史上最悪の航空事故とされる。

日本をハッピーにしないハッピーマンデー

久野　そして、その海の日にも関連して、本来由緒正しき祝日なのに、残念ながらそのうち一部の日程を毎年変わるようにしてしまったのが「ハッピーマンデー」制度です。

平成十二年から「成人の日」が一月第二月曜日、「体育の日」が十月第二月曜日に。平成十五年からは「海の日」が七月第三月曜日、「敬老の日」が九月第三月曜日になってしまいました。成人の日一月十五日は、古来皇室をはじめ元服の儀が行われた小正月です。そして体育の日十月十日は、昭和三十九年（一九六四）東京オリンピック開会式で御臨席の昭和天皇による開会宣言の日ですが、こちらはさらに来年から「スポーツの日」になるそうです。

竹田　もう最悪ですね、ハッピーマンデーなんか絶対いらないと思います。やはり祝日というのは、決められた日に祝うから意味があるわけです。たとえば「お前の誕生日、今年はこの日な」と言われて、意味があるのかという話です。自分が生まれた日だからこそ、生まれる前の日からカウントダウンして「3、2、1、……」となって、その日に「おめでとう！」って言われるから嬉《うれ》しいわけで。

久野　「お前の誕生日は、ハッピーになるからこの月曜日に合わせろ」とか言われたら、ちょっと。

竹田　勝手に決められた〝誕生日〟でカウントダウンされたって、意味ないですよね。それと一緒で、祝日というのは学校を休みにしてまで何かをする日なわけですから、なぜその日が祝日なのかということに意味があるんです。

「体育の日」はもともと東京オリンピックの開会式の日ですから、ハッピーマンデーで別日になってしまうと、みんな祝日だとわかってはいても、本来の意味が失われてしまう。やがて「今日はなんで休みなの？」という理由が問われなくなり、「ハッピーマンデーだから」休みなのだとなってしまう。これでは主旨がなくなるわけです。「今日なんで祝日なの？」「〇〇年前に東京オリンピックの開会式があった日なんだ。その日は晴れ渡ってね、素晴らしい日だったんだ」というふうに語り継ぐために体育の日にしたはずなのに、ハッピーマンデーにした結果、「今日はなんで体育の日なの？」「うーん、さぁ？」となってしまいます。ただでさえそうなのに、令和二年（二〇二〇年）に開催の東京オリンピックでは開会式が別の日に行われるので、全然つながらなくなるのですよ。

久野　しかも令和二年に限っては体育の日を固定日にするものの、日付自体を七月二十四日にずらすという、ちょっと奇妙な……。

竹田　そうすると余計に、なんでその日は休みなのか誰も知らないまま休み続けることになります。学校を休んででも何かをしなきゃいけない日だから祝日にあてているはずなのに、日付がズレてしまったら本末転倒です。

久野　お互い大学で教える身ですが、大学の年間スケジュールでも困ったことになります。月曜から金曜までの時間割の中で、月曜日ばかり休みが増えてしまうと、規定の学期期間中に全十五回の授業を終えられない。なので、月曜の授業数が減らないように、ハッピーマンデーの日も普通に授業があったりするわけです。その結果、学生にとって……。

竹田　祝日自体が負担になる。

久野　負担にもなりますし、特にまだ祝日について知らない学生にとっては、その影響を受けず年間予定が組まれてしまうことで、日本の歴史・文化との大変な乖離《かいり》が起こっている気がします。さらに外国人留学生にとっては、日本が意味不明な理由で大学を休む国に見えてしまうでしょう。

竹田　ハッピーマンデーでさらにまずいのは、地域によって休む日をずらそうという案が出ているとことです。この休日は東日本では第二月曜日で、西日本では第三月曜日というように、ずらした方が観光地が混まないだろうという発想です。

久野　日本の伝統文化をないがしろにする、悪しき〝地方分権〟とでも言いましょうか。安倍内閣もハッピーマンデー制度を見直す動きに出ましたが、抵抗も大きいようです（平成三十年五月十一日の『Ｓａｎｋｅｉ Ｂｉｚ』）。

旅行業界では、大規模旅行代理店を中心に大反対しているみたいです。「３連休が消滅すると、旅行消費の落ち込みなどで２０６８億円の経済損失が出る」というのですが、日本人が本来の歴史・文化に対する意識を取り戻して『日本書紀』ゆかりの地をもっと大勢で訪れた場合の経済効果などは決して〝試算〟しない。歴史・文化を失うのと、目先だけの収入を失うのと、どっちが深刻か考えていただきたいものです。

竹田　そんなこと言うんだったら、まず日曜日廃止した方がいい。

久野　なるほど。『日本書紀』ならぬ、キリスト教の聖書由来の日曜日。

竹田　「土日を休み」というのをなくしてしまえば、分散するわけですよ。これは、日本の古来の考えに反しません。だいたい人間、いつ休んだらいいかといったら風邪を引いたときに休むのがいちばん効率がいいのです。

久野　確かに出勤日に風邪を引いて、逆に休みの日にピンピンしていたら仕事上いちばん効率が悪いですね。

竹田　今の日本だと、日曜に心身ともに快調だとしても、働いたらいけないわけでしょう。逆に月曜日は体調不良で気が滅入っていても、無理やり働かないといけないわけじゃないですか。これは非効率で、昔は農作業など雨が降ったら休み、晴れたらやろうかっていう具合だった。時化《しけ》の日に漁に出ない、病気だから休みというのは当たり前の話です。土日に強制的に休ませるっていうのは、実は非効率なんです。だからハッピーマンデー云々で観光業界が不平を言うくらいだったら、まず週休二日制を廃止するところから始めてもらった方がいいと思いますね。

久野　どうしても休みの量を減らしたくなければ、土日休みを廃止して歴代天皇の御生誕日を全部祝日にすれば、一年の三分の一が休みになります。そして祝日のたびに、皇位継承によって伝えられてきた我が国悠久の歴史に感謝することになるのではないでしょうか。

竹田　それいいなぁ（笑）。祝日だけでなく、初詣《はつもうで》に行き正月をお祝いするのも、令和や平成といった元号も日本神話との関係で成り立っているのを忘れてはなりません。

『日本書紀』は今も正史

久野　『日本書紀』をバカにする人がいますが、たとえば『教育勅語』の失効のように、「『日本書紀』の正史としての位置づけは失効」といった決議は、戦後改革の中ですら行われていません。『日本書紀』は今も正史であり続けています。

竹田　『日本書紀』を否定する閣議決定は一度もないですし、国会の議決もないですよね。ですから日本政府が定めた公式見解であり、現在の内閣まで継承されてきたということになります。

久野　そういうふうに説明すれば、歴史を今から学ぼうという人は「ああ、なるほど」と素直に思ってくれるんですけど、そこそこ勉強している学生の方が意外と手強いものです。

竹田先生との共通の母校ですが、その大学で私が所属していた国際政治のゼミに、十年近く前に久々に顔を出したことがあります。そのときに恩師から、二時限連続のゼミの後半で「せっかくだから久野君、ちょっとしゃべって」と言われたんです。〝ちょっと〟しゃべらせてもらった内容の中で、後輩ゼミ生たちに「現存する日本最初の公式歴史書はなんですか？」と振ったら誰も答えられなくて、私が『日本書紀』の名前を出した瞬間、みんな「はぁ〜？」みたいな反応が（汗）。毎年優秀な論文を書く学生を輩出するゼミなのですが、みんなまったくの想定外だったのでしょうか。我が国では、それなりの大学で学ぶ学生がかえって、自分が受験勉強で必死に覚えた範囲にないとばかりに『日本書紀』を否定するような傾向があるのかもしれません。

竹田　『日本書紀』は、我が国のまさに原典です。知ったうえで否定するならまだしも、知らないのに否定してしまうのはマズいですね。

『古事記』編纂一三〇〇年のインパクト

久野　『日本書紀』に先立って、平成二十四年（二〇一二）に『古事記』編纂一三〇〇年を迎えました。これを特別な年と捉えて、『古事記』のことを一般に広く知ってもらおう、日本人の心の中に『古事記』を取り戻そうといち早く活動を展開したのが、竹田先生の主宰なさっている竹田研究会だったと私は思っています。

竹田　もともと竹田研究会は、一年目は憲法をやっていて、二年目から『古事記』をやるようになりました。

久野　竹田研究会が発足したのは、平成二十年ですね。

竹田　今から十一年前ということになりますが、その頃『古事記』と言っても、興味を持つ人もあまりないですし、『古事記』も『日本書紀』も難しくてつまんない――と思っている人が多かったようで、やっぱり編纂一三〇〇年という節目はチャンスだなと思ったんです。

久野　何十周年記念というのは一〇年に一度やってきますが、数百年単位というのはなかなかない機会ですよね。

竹田　そもそも自分の人生において、一〇〇年刻みの記念の年なんてほんのちょっとしかないわけですから、これはなんとしても盛り上げないといけないなと思いました。私自身ずっと『古事記』を勉強して、勉強会を全国でやってきたくらいですから。

あと小学生のときから疑問だったのが、ホテルに泊まると枕元に聖書と仏教聖典が置いてあるのに、なぜ『古事記』が置いていないのかと。本来であれば、神社本庁が刷って無料で配布してほしいところなんですが。

久野　憲法改正啓発のパンフレットは、制作して配布されていますけどね。

竹田　「なんでやらないんだ」と神社本庁の幹部の方に聞いたら、これまでもときどきその話が出たんだけれども、「じゃあ誰の本を使うのか」ということでいつももめるんですって。

久野　学者ごとに『古事記』自体の解釈が分かれるし、そういうときに「俺の方が彼よりも学者として……」とか、神社界に協力的な学者同士がもめるとマズいと。

竹田　結局話がまとまらないまま、一三〇〇年が迫ってきてしまったらしいんですよね。だったらもう、竹田研究会の人たちから寄付金をいただいて、私も『古事記』の本を出していましたから、ちょっと手を加えてこれを無料で配布したらいいのではないかと思ったわけです。一応言っておくと、聖書も仏教聖典も無料で全国のホテルに配布されていますので。

久野　その無料配布は、どういうところが母体になっているのですか？

竹田　聖書は国際ギデオン協会、仏教聖典も仏教伝道協会という団体が寄付金を集めて印刷して無料配布しているのです。だったら『古事記』も無料配布をしないと釣り合わないので、竹田研究会は全国一〇か所以上でやっていますし、みんな『古事記』を勉強してる仲間だから、それなりに興味、関心を持ってもらえるんじゃないかな、と。

久野　平成二十四年には奈良竹田研究会主催で、一三〇〇年にちなんで一三〇〇人講演会も開催されます。実際、そのほんの数年前までからは想像もつかないくらい、皆さん興味を持って下さいました。

竹田　実際お金がしっかり集まって、いまだに資金を集めつつ、ホテルにもどんどん『古事記』を配布しています。現状で全国のホテルに四万冊以上配布をすることができました。途中から英語の対訳版も出したので、外国人でも聖書の隣に『古事記』が置いてあって、パラッと引くと日本の神話だということで興味を持って読んでくれる人がいるみたいです。チェックアウトするときに、「日本の神話が面白かった、楽しかった」という感想を言ってくれる外国人もいるらしくて。

久野　『古事記』を最初に英訳したのは、馬関戦争※（一八六四）の講和条約に高杉晋作※の通訳として参加した伊藤博文※でしょうかね。

竹田　ああ、そうかもしれませんね（笑）。

久野　どうでもいい話かもしれませんけど。それをまたイギリス側通訳だったアーネスト・サトウ※の逆翻訳で……（笑）。

竹田　ああいうものを翻訳するのは難しいですからね。

久野　昔、司馬遼太郎原作の『花神』っていうドラマで、そのエピソード（諸説あり）のシーンがありました。そこで中村雅俊扮《ふん》する高杉晋作が、彦島割譲の要求を突っぱねるため……あるいは煙に巻くためかもしれませんが、イギリス人に向かって『古事記』冒頭（の行）をまくし立てる。そこで、尾藤イサオ扮する伊藤博文が必死に英訳するのですが、話が国常立尊《くにのとこたちのみこと》から始まるので、観ていてこれは『日本書紀』じゃないのか、と私は思ったわけですが（笑）。

【注】

馬関戦争：元治《げんじ》元年（一八六四）、前年の長州藩による外国船砲撃の報復としてイギリス・アメリカ・フランス・オランダ四国連合の艦隊が下関砲台を攻撃したもの。長州藩は敗北したが奮戦し、死傷者は連合軍の方が多かった。このときに課せられた三〇〇万ドルの賠償金のうち一五〇万ドルは江戸幕府が支払い、残りは明治政府が明治七年（一八七四）まで分割で支払い続けた。

高杉晋作（一八三九〜六七）：江戸時代末期の勤皇派の長州藩士。吉田松陰《しょういん》の松下村塾に学び、藩命で奇兵隊を組織し総監となる。馬関戦争の際は脱藩で収監中にもかかわらず、藩の正使として講和会議にあたり、彦島の租借を断固拒否し通したともいわれる。

伊藤博文（一八四一〜一九〇九）：松下村塾に学んだ長州藩士、政治家。明治政府では大久保利通《としみち》の死後中心的存在となり、大日本帝国憲法制定を主導し、初代内閣総理大臣・枢密院議長・貴族院議長・韓国統監などを歴任。馬関戦争の講和会議では高杉晋作の通訳を務める。

アーネスト・サトウ（一八四三～一九二八）：イギリスの外交官。駐日イギリス公使館通訳・駐日公使などを務め、日本には計二五年間滞在した。馬関戦争の講和会議では、高杉晋作相手にオールコック駐日公使の通訳として参加する。

『古事記』と『日本書紀』は別物！

久野　『日本書紀』編纂一三〇〇年なのに、神社界でもあまり盛り上がっていませんよね。たとえばほんの一部の神社で勉強会があったりする以外、なかなか盛り上がっていません。

竹田　やはり、『日本書紀』はイメージしにくいのでしょう。『古事記』といえば、ゆかりの地がおのずとイメージに出てくるじゃないですか。

久野　神社や史跡に「『古事記』ゆかりの……」とか、そういう看板も立っていますからね。

竹田　では『日本書紀』由来の地はと言うと、『古事記』に書かれている神話と似たようなものが書かれているわけですから、出雲[※]をはじめ、高千穂[※]だ、霧島[※]だとかいろいろ出てきますが、何か広がりにくいのかもしれません。逆に『古事記』はわかりやすいですよね。天孫降臨の地から始まって、いろいろと『古事記』の伝承地っていうのがありますから。

久野　『古事記』関係で活動している方々の中に、世の中が『古事記』でまだ盛り上がりきっていないうちに『日本書紀』一三〇〇年にシフトされると困るなどと考えている人がいるとは、まさか思いたくありません。

ただ、もし本当に日本本来の歴史・文化を広めようという趣旨で活動をやっているなら、『古事記』とともに『日本書紀』についてもぜひ関心を深めてもらいたいところです。

なぜかと言えば、『古事記』勉強会の案内文でたとえば「日本は世界最古の国です、『古事記』によると奈良の橿原《かしはら》で建国されて……」といった内容をよく目にします。しかし、我が国が〝いつ建国されたか〟という大事な部分については『日本書紀』が根拠になっているわけです。『日本書紀』をすっ飛ばしてしまうと、「世界最古の国」という話が成り立たないことになります。そういう意味で、『古事記』ファンの方も折に触れて『日本書紀』も合わせて取り上げてほしいと私は改めて願っています。

竹田　そもそも歴史の話をするときに、「『古事記』によると……」って言う時点でアウトなんです。歴史を語るのであれば、『日本書紀』から引かないといけません。逆に神話を語るときは、むしろ『古事記』から引いてこないといけない。

久野　神社ファンにとっては『古事記』の方が身近なのかもしれません。でも、神社に対する信仰や神話と歴史をつなげるためには、『日本書紀』の存在が不可欠です。

竹田　『古事記』と『日本書紀』のどちらを引用するのかというのは、ちゃんとそれぞれ目的が分かれていますので、どっちを引用してもいいなんて箇所はほぼありません。歴史で語るときには『日本書紀』だというのはちょっと覚えておいてほしいですね。

久野　本書のひとつのポイントですね。

竹田　ですから、たとえば建国記念の日――かつての紀元節が二月十一日というのも、神武天皇ご即位の日で、それがまさに『日本書記』に書かれているわけですからね。

久野　「辛酉《しんゆう》の年の一月一日」ということで、その干支※から換算して西暦でいうところの紀元前六六〇年と。

竹田　『古事記』も年号が若干出てきますけれども、天皇が崩御した年に干支がつけられた崩年干支《ほうねんかんし》です。これは第十五代応神《おうじん》天皇が最初なのですが、それまでは干支の記載すらない。これだってそれ以降十五代の天皇の崩年に干支がつけられるようになるだけで、個別のことが起きた年が書かれているわけではないですからね。

久野　私も研究者として気になるのが、神話のエピソードをたどるときに「『日本書紀』でこう書いてあるところは、『古事記』ではこう書いてある」といったように両書を重ね合わせたがる人たちがいることです。

竹田　確かに両方とも天武《てんむ》天皇が編纂を命ぜられたわけですが、実際には編纂した時期も編纂した人もそれぞれバラバラです。そして明らかに編集方針が異なる。

それを両方つまみ食いに読んで、「なるほど」と理解したとしても、それは『古事記』を理解したことにもならなければ『日本書紀』を理解したことにもならない。たとえば、もし『ドラえもん』を読んでいてわからないことがあった場合、『ドラゴンボール』で調べる人はいないわけです。万が一読んで「あぁ、だからなのか！」とわかったつもりになっても、それは『ドラえもん』を理解したことにはならないのと一緒です。

久野　一部の比較神話学の学者などにいたっては、さらに他国の神話までも巻き込んでそれをやろうとします。共通因子を見つけたくなるのはわかりますが、安直な対比の行きつくところは「神道のもとはユダヤ教」などとなりかねません。

竹田　『ドラえもん』については『ドラえもん』の中から答えを導き出さないといけないので、『日本書紀』と『古事記』を混ぜてはいけないのです。たとえば何か歴史的なテーマがあって、それを知るために『日本書紀』を読み、そして別の書物も読んでなんとなくわかってくるという形で、いろんな文書を活用するというのはアリなのですが。

久野　その観点でいえば、我が国における『魏志倭人伝《※ぎしわじんでん》』の扱い方も疑問です。まったく価値がないとまでは言いませんが、日本についての記述はメチャクチャです。

たとえば、「従郡至倭循海岸水行歴韓國乍南乍東到其北岸狗邪韓國七千餘里」とあって、「朝鮮から『倭国』に行くのに、海岸に沿って〝南へ行ったり東へ行ったりして〟七千里余り＝約三千キロ」と言うわけです。大阪のおばちゃんの方がまだマシな道案内をしてくれそうですが、ともかくこの記述どおりに行けば南シナ海か、下手すれば太平洋のど真ん中に出るような感じですね。

そして「男子無大小皆黥面文身」、男は大人も子供もみんな顔や体に入れ墨をしているっていうんですよ。『日本書紀』では罪人への刑罰として顔への入れ墨（黥《げい》）が出てきます、いったい日本のどこへ行った人から著者は話を聞いたんでしょうね。

論者によっては『魏志倭人伝』と『日本書紀』の記述を重ねあわせ、「卑弥呼《ひみこ》はこの人物に当てはまる」などと言いますが、〃我が国が中国に朝貢していた〃という話が出ると真に受けるのが戦後の多くの歴史学者のひとつの特徴です。果ては「卑弥呼は『日の御子《みこ》』＝天皇のことを指す」とまで言う人もいて、これは日本語と中国語で漢字の読みが違うことを無視した暴論と言わざるをえません。

こういう安直な対比をしてしまう状況において、『日本書紀』『古事記』すらゴッチャにしているのが象徴的な事例だと思います。

それによって、たとえば読み手側も教養が深まるようについ思ってしまうのかもしれませんが、かえって本来の日本理解を妨げているのではないでしょうか。

竹田　『日本書紀』と『古事記』の混同は、神社界でも犯してしまっているミスがあるんです。たとえば出雲の神様をどのように理解するかというのは『日本書紀』と『古事記』とでまったく考え方が違う。『日本書紀』だと出雲の神様である大国主神《おおくにぬしのかみ》と、奈良の三輪山《みわやま》の神である大物主神《おおものぬしのかみ》とが同じ、つまり出雲の神様と三輪山の神様とが一緒だという見解です。

ところが『古事記』はその見解をとらずに、大国主神と大物主神はあくまで別の神として書かれています。じゃあどっちが正しいんだ？　と言われたら、「『日本書紀』は同じと見ているけれども、『古事記』は別と見ている」――これが答えなんです。どっちも正しいわけで、編纂者の方針が違ったということに尽きます※。

久野　『日本書紀』では、国譲りの段で鹿島神宮の神タケミカヅチと香取神宮の神フツヌシが出てきます。一方、『古事記』ではタケミカヅチしか登場せず、一人二役ならぬ一神二役みたいになっていますね。

竹田　『日本書紀』と『古事記』でエピソードが被る部分がありますが、むしろかぶらない部分が何かというところ、編集方針の違いはどこにあるのかというところを見ていくことが重要です。

久野　この世の最初の神様まで、『日本書紀』では国常立尊《くにのとこたちのみこと》、『古事記』では天之御中《あめのみなか》主神《ぬしのかみ》と違うのはなぜだろうかと、いちばん気になるところです。聖書とかコーランでは絶対ありえないでしょうけれども。そこに踏み込むと、それこそ神学論争になってしまいますね。

ただ、『日本書紀』でも天之御中主神は「一書」に出てきます。それを考えると、どちらかというと『古事記』よりもカタそうなイメージがある『日本書紀』の文体は今の日本人から見て難しくても、いろんな伝承を「一書曰」で示している点では、むしろ歴史観的にはおおらかなところが多分にあるのではないでしょうか。

竹田　公式記録ですから、正確に伝えることを重視しているわけです。だから、これは言い切れないなと思ったら「一書」を添付することによって幅を持たせている。学問的に正確に伝承しないといけない、というところが『日本書紀』にはありますよね。

久野　脚注をたくさん付けて、できるだけ説得力を持たせようとする学術論文と同じですね。

竹田　『古事記』は「取捨選択してこの説を取るよ」と言って、あとは書かないわけです。とはいえ、むしろ『古事記』の方が読むのが難解だと思います。すごい文学的な表現とかありありと残していますし、漢字にしても通常の漢文にない万葉仮名を入れ込んでいますから。江戸時代の国学者の※本居宣長《もとおりのりなが》がでるまでは読むことすらできなかったわけでしょう。宣長も『古事記』を読み解くのに人生ほとんど費やしてしまった。そのぐらい難解なんですよ。

　その点、『日本書紀』はすごいシンプルに淡々と記録されているので、カタそうに見えますが、公式記録だからつまらないこともダラダラ書いてあるわけです。『古事記』はやはり読み物としての物語なので、端折ってしまっているところもあれば、物語として膨らましてる部分もあって、そういう面で一見読みやすいんでしょうね。

【注】

出雲：現在の島根県東部で、『日本書紀』の国譲りで知られる出雲大社（島根県出雲市）の所在地。

高千穂：宮崎県北端に位置し、瓊瓊杵尊《ににぎのみこと》が天下った天孫降臨の伝承地であり、また日向三代（瓊瓊杵尊・彦火火出見尊《ひこほほでみのみこと》・鸕鷀草葺不合尊《うがやふきあえずのみこと》）の高千穂宮が置かれた地とされ、日向三代を御祭神とする高千穂神社（宮崎県西臼杵郡高千穂町）が鎮座している。

霧島：鹿児島と宮崎の県境の霧島連山を中心とする地域で、高千穂峰の山頂には天孫降臨ゆかりの天《あめ》の逆鉾《さかほこ》が今も立てられている。

干支：十二支（子・丑・寅・卯・辰・巳・午・未・申・酉・戌・亥）のみを指す場合もあるが、本来は十干（甲《きのえ》・乙《きのと》・丙《ひのえ》・丁《ひのと》・戊《つちのえ》・己《つちのと》・庚《かのえ》・辛《かのと》・壬《みずのえ》・癸《みずのと》）と十二支を組み合わせたもの。甲子《きのえね》から癸亥《みずのとい》まで六十の組み合わせで、年／月／日／時刻／方位などを表す。

魏志倭人伝：晋の陳寿《ちんじゅ》（二三三〜二九七）が編纂した『三国志』のうち、日本について記述されているといわれる『魏志』第三十巻を指す。「邪馬台国」「卑弥呼」についての記述があることで知られるが、本書の記述どおりでは邪馬台国の所在すら特定できない。

タケミカヅチ：鹿島神宮（茨城県鹿嶋市）の御祭神として知られ、神武東征の際には熊野で毒気にあたった神武天皇の軍に布都御魂剣《ふつのみたまのつるぎ》を与えて助けた。『日本書紀』では「武甕槌」「武甕雷男神」などと表記されている。

本居宣長（一七三〇〜一八〇一）：江戸時代中期の国学者で、国学四大人《しうし》の一人。賀茂真淵《かものまぶち》に入門して

『古事記伝』を著し、日本人が一〇〇〇年ぶりに『古事記』を正しく読める契機となった。

舎人親王という存在

久野　『日本書紀』の編者として知られるのが、舎人親王《とねりしんのう》（六七六?〜七三五）です。しかしこの時代の他の皇族、特に政争に巻き込まれた草壁皇子《くさかべのみこ》※や長屋王《ながやおう》※、あるいは太政大臣を務めた高市皇子※といった方々と比べて、政治の場での存在感が薄い。たとえばアマゾンで検索しても、『日本書紀』が引っかかる以外はほとんど出てきません。失礼かもしれませんが、一般の人たちからすれば地味と言ってはなんですが……。

竹田　確かに、地味ですよね。

久野　「舎人」というのは、今で言えば官僚くらいの意味でしょう。本当に、まさに官僚仕事に徹されたご存在というイメージです。

竹田　だからこそ、こういうものが書けたんでしょうね。『古事記』はいかにしてみんなに楽しい物語を伝えるかという創意工夫が許される、いやそれどころかすごい創意工夫が必要な書物なんですけれども、『日本書紀』はそれではいけないわけです。だからこそ、

舎人親王は天平宝字3年(759)に京都深草の藤尾で崇道盡敬皇帝《すどうじんきょうこうてい》としてお祀りされ、それが現在では伏見稲荷大社(京都市伏見区)境内末社の藤尾社(写真)となっている

官僚仕事に徹していた人が撰述しないといけないものだったと思います。『日本書紀』の内容を見ると、いかにも「舎人」という名前の人が携わった仕事だという感じがする。やはりそういう役割を担っていた人だからこれを書けたんだな、と。

久野　私は『日本書紀』編纂一三〇〇年を迎えるにあたり、舎人親王のことを伝えるのがひとつ重要だと思って、研究の一環として舎人親王をお祀《まつ》りする神社を全国で回って由緒調査してきました。有名どころでは、京阪電車やJRの「藤森《ふじのもり》」という駅名にもなっている、京都市内の藤森神社があります。もともと舎人親王をお祀りする藤尾社が、現在の伏見稲荷大社の場所に鎮座していました。室

菖蒲の節句発祥とされる藤森祭（5月5日）が有名で、近くに京都競馬場があることから競馬の神様としても崇敬される藤森神社（京都市伏見区）

町時代に伏見稲荷が現在地へ遷座してきたので、舎人親王の御霊《みたま》は藤森神社本殿の東殿にお祀りされるようになります。今、藤森神社本殿前に立っている石碑を見ると、

「日本最古の学者　日本書紀編者
学問の祖神舎人親王御神前」

と書いてあります。藤森神社の主祭神は素戔《すさの》嗚命《おのみこと》ですが、地元の方々はこちらで舎人親王をお祀りしているのをすごく誇りにしているようなんです。何より「日本最古の学者」として崇敬されているというのは、本当にありがたいことですね。

竹田　なるほど、そうですか。

久野　しかしながら、藤森神社という神社は各地にあっても、京都以外だと大阪府摂津市と、あと鳥取県南部町の藤森神社以外は舎人親王を祀ってないところも多いです。そして兵庫県太子町の石海《せっかい》神社でもお祀りされているほか、京都府長岡京市の神足《こうたり》神社でお祀りされていると言われています。

それから、御祭神となっている神社では、滋賀県大津市と栃木県壬生町《みぶまち》の雄琴《おごと》神社があります。大津の方は地元の領主だった小槻《おづき》氏が、壬生の方は前九年の役（一〇五一〜六二）で鎮守府将軍に任じられた清原武則の子孫が、それぞれ御祖神《みおやがみ》として舎人親王をお祀りしたようです。たとえば今、産経新聞でも特集されている※楠木正成《くすのきまさしげ》ゆかりの自治体が連携して大河ドラマの主人公にしようと盛り上がっています。舎人親王も、大河ドラマになるかどうかはともかく、そのゆかりの地を軸としながら、『日本書紀』を改めて日本人が取り戻すような動きがあればいいなと思っています。

竹田　『日本書紀』については、やはり奈良県がいちばん力強く取り組んでいるんじゃないですか。「記紀・万葉プロジェクト」で、『古事記』編纂一三〇〇年から『日本書紀』編纂一三〇〇年に向けて、ということで、いろいろとイベントを繰り返しています。

久野　奈良県大和郡山市《やまとこおりやま》には、舎人親王御創建の松尾寺や東明寺《とうみょうじ》もありますしね。ところが一方で奈良県には、ごっつい看板で「卑弥呼の里」を名乗って寄付まで集めるような

宮本武蔵生誕伝承もある旧宮本村に鎮座する石海神社(兵庫県揖保郡太子町)

自治体もあります。ちなみにやっている方々は、一部の反天皇思想を持つ学者を除いて悪気はないと思います。しかし戦後、『日本書紀』『古事記』よりも「邪馬台国のロマン」の方が長らく人気であったのも事実です。

竹田　卑弥呼は『魏志倭人伝』視点の話ですから、『日本書紀』や『古事記』には出てこないです。ですから、それが卑弥呼が日本側史料では誰に当たるのかとか、どう関係するのかっていうのに興味ある人はいるんでしょうけれども、それを軸に語り始めると齟齬《そご》を生じると思いますね。

久野　私も邪馬台国・卑弥呼ネタを完全排除しろとは言いませんけれども、その宣伝にばかり力が入ってその分「記紀・万葉一三〇〇年」が

舎人親王の曾孫ともされる小槻（阿保）今雄を御祭神とする雄琴神社（滋賀県大津市）でも、正応4年（1291）舎人親王が相殿に配祀された

追いやられてしまうとすれば本末転倒で、これほど先人たちに申し訳ないことはありません。「邪馬台国はどこか？」とか「卑弥呼は誰のことか？」などというテーマにのめり込むのは、完全に『魏志倭人伝』ありき、自国の史書よりも中国の方が正しいという歴史観に立脚しています。

たとえば中国側が、その逆の捉え方はしないはずです。こういう研究がはびこってきたのも、言い方を変えれば戦後の日本人が『日本書紀』、そして舎人親王について考えることをサボってきたからではないでしょうか。

竹田　舎人親王について考えるのは、大変意義深いことです。『日本書紀』の編纂は、そのまま『六国史《りっこくし》』（『日本書紀』『続日本紀《しょくにほんぎ》』『日本後

舎人親王の末裔にあたる清原保定が寛治5年（1091）に創建し「藤森神社」と呼ばれており、のち壬生氏が先祖の小槻今雄を大津の雄琴神社から勧請して合祀した雄琴神社（栃木県下都賀郡壬生町）

紀』『続日本後紀』『日本文徳《もんとく》天皇実録』『日本三代実録』）編纂につながる。あるいは『昭和天皇実録』までつながっていると思えば、日本の歴史を書き留めるプラットフォームといいますか、土台をつくり上げた人ということになります。

久野　舎人親王も戦後の歴史学の中で、「『日本書紀』の編者」以外にうまく位置付けられていなかったと思います。私はある意味で、聖徳太子の再来のような存在なのではないかと考えています。

私は学生に神道を説明する際に、「神道がクッションのような役割を果たして、あとから入ってきた宗教がその上にふんわりと乗って調和してきた」と説明しています。仏教の

「卑弥呼」ゆかりの地であることをアピールする看板（奈良県桜井市）

ようにうまく調和する宗教もあれば、戦国時代に入ってきた当時のキリスト教はクッションを破壊しかねなかったわけですが……。で、『日本書紀』の中では神道や祭祀《さいし》が重要なものとして取り上げられると同時に、仏教伝来以降は仏教や寺院のことが出てきます。『古事記』には仏教のことが書かれておりません。『日本書紀』では、編年体による記述のなかに祭祀の話を含めて日本精神の基《もとい》を示しながら、『古事記』では取り上げなかった仏教というものを、いかに国柄と矛盾しないように説明するか。文字にすると数行ですが、編纂にあたっては、そこの部分で大変な苦労があったはずです。先ほど述べた松尾寺は舎人親王が『日本書紀』完成を祈願して創建したと伝わっているように、舎人親王は実際に仏教も大切にされていました。こうして聖徳太子のように、神仏の調和について深く考えていらっしゃった方ではないかと私は捉えています。

竹田　なるほど、そういう意味で聖徳太子の再来と。さらに考えてみれば、この方がいらっしゃるからこそ二月十一日の建国記念の日もあるわけですよね。

久野　おっしゃるとおりです。先ほどの「建国の日を祝わない」とか言っている人たちも、実は舎人親王から逃れられないと（笑）。

【注】

草壁皇子（六六二〜六八九）：天武天皇の皇子で、母は持統天皇。壬申《じんしん》の乱で功があり皇太子となったが、即位前に薨去《こうきょ》。文武《もんむ》天皇・元正《げんしょう》天皇の父。

長屋王（六八四〜七二九）：高市皇子の子。聖武天皇のもとで左大臣となり、藤原氏を抑えて天皇親政を図るが、讒言《ざんげん》により謀反の嫌疑をかけられ自害に追い込まれた。昭和六十三年（一九八八）平城京の屋敷跡で大量の木簡が発見されたことで話題となる。

高市皇子（六五四〜六九六）：天武天皇の第一皇子。壬申の乱で軍を率いて活躍し、皇太子草壁皇子の薨去の翌年太政大臣となる。持統天皇を輔佐して政治にあたり、藤原京建都にも貢献。

楠木正成（一二九四？〜一三三六）：後醍醐《ごだいご》天皇による討幕と復古政治を支えて殉節した、鎌倉時代末期から建武《けんむ》中興期の武将。国史上代表的な忠臣とされ、幕末の志士たちや近代軍人たちによる決死の行動にも大きな影響を与えた。

第二章

『日本書紀』を読んでみる

〈神〉から〈天皇〉へ

久野　ここからは具体的に『日本書紀』を紐解《ひもと》いてみましょう。

竹田　前にも述べたように、神話に関して『日本書紀』は、別伝を紹介していても、記述自体は結構淡白です。特に、『古事記』では詳しく描かれている大国主神の物語などがごっそりと抜け落ちている。

したがって、『日本書紀』においては神勅がとても大切なのです。本書の冒頭で話題になった「天壌無窮《てんじょうむきゅう》の神勅《しんちょく》」というのも、『古事記』ではなく『日本書紀』の内容です。

それから、神武天皇の建国にあたってのおことばも記されています。このように『日本書紀』では天皇のおことばが記載されているので、歴史を語るうえで非常に重要なのです。神武天皇のおことばを見ても明確に建国の意思が示されています。

久野　引用してみましょう。

且當《かつまさ》に山林を披《ひら》き拂《はら》ひ、宮室《おおみさ》を経営《おさめつく》りて、恭《つつし》みて宝位《たかみくら》に臨みて、元元《おほみたから》（国民）を鎮むべし。上は乾霊《あまつかみ》の国を授けたまいし徳《うつくしび》に答へ、下は皇孫《すめみま》の正を養ひたまひし心《みこころ》を弘めむ。然して後に、六合《くにのうち》を兼ねて都を開き、八紘《あめのした》（世の中）を掩《おほ》ひて宇《いえ》にせむこと、亦《また》、可《よ》からずや。

簡単に現代語訳すると、国民のため、いよいよ都づくりに取りかかろうと思う。まず、この国を授けてくださった神々の徳にこたえ、先祖が育まれた正しい心を広めていこう。その後で、四方の国々を束ねて都をつくり、ひとつの家族のように仲良く暮らしていける国にしようではないか（新田均監修『子どもたちに伝えたい日本の建国』明成社）。

竹田　まさに和を貴ぶ、今にいたっても世界的に十分通用する普遍的な建国理念です。これは、実際には二〇〇〇年前、もしくはそれ以前に立てられた国家のビジョンです。なぜ日本が二〇〇〇年以上も続いてきたのかといえば、建国の精神を見れば理解できることなのです。逆にいうと、日本という国の開明さ、一〇〇〇年先、二〇〇〇年先を見通すビジョンが当時の日本人にあったということでしょう。こういうことが、『日本書紀』では確認することができるわけです。

久野　天皇が、日本国内でいちばん武力が強くてトップにのし上がったというような話ではなくて、我々が仰ぐ天の神様の子孫として統治することになったということです。

ですから、〈神〉から〈天皇〉へという流れも非常にシンプルに語られていますね。

竹田　山の神の娘を娶《めと》るときに、妹だけ受け入れてお姉さんを受け入れなかったという、そこから祝いの言葉が呪《のろ》いの言葉として作用して、寿命のないはずの神に寿命が与えられてしまった。これが『日本書紀』にみる神から人になったという瞬間です。

久野　この神話から歴史へとつながる『日本書紀』の内容でもって、天皇のいわゆる万世一系というのが日本人に定着する根拠となったということは間違いないですよね。

竹田　そう言えると思います。万世一系というのは神武天皇からですから、神武天皇以前に天皇は存在しませんし、皇統も存在しません。そういう意味では『日本書紀』の書き方というのは神代が冒頭にあって、神武天皇からは各一代ごとに区切られて書かれています。神武天皇から脈々とひとつのルールに従って皇位が継承されてきたというのは、これは『日本書紀』がなければ、途中からしか語れないということになりかねなかった。ですから万世一系の最初の部分が『日本書紀』になっているので、まさに万世一系の起源を示すものと言えます。

久野　この万世一系の皇室こそが日本の根本ですから、目下皇位継承問題――本来〝問題〟ではないのですが――など諸々において問題化するようなメディアの動きがあっても、一般国民が編纂《へんさん》一三〇〇年の節目に『日本書紀』に触れて本来のところに立ち返ることができれば恐るるに足らずと私も思います。

さて、その『日本書紀』で日本の建国についてどう書かれているか。いわゆる「神武東征」※については、何月何日にどうこうというように、『古事記』に比べて年月日時が具体的に書かれています。日向→宇佐→筑紫→安芸《あき》→吉備《きび》と、それぞれの都にどれくらいの期間滞在してから遷都したのかというのがよくわかります。九州はさっさと移動して、瀬戸内海をたどって今でいう広島・岡山の辺りでちょっと長く滞在していると。

竹田　この時間の長さが何を意味するかは、想像するしかありません。ただ後々に神武天皇が奈良の地においでになって、小さな国をおつくりになり、そして徐々にその勢力が拡大してゆく。これが三世紀から急拡大をするわけですが、そのときにやはり東征を経ていたからこそ、国家の統合ができたと見ることができると思うんです。

これは考古学の成果である程度わかっていますが、前方後円墳が三世紀初頭に五基つくられたのが最初です。これは吉備＝岡山の方の古墳をつくる技術が相当取り入れられていることを示している可能性が高い。ですから西日本の方の豪族たちの力が、この大和連合政権をつくるうえでかなり大きな部分を占めたことが想像されるわけで、そこはまさに西の方から旅をしてきた神武天皇の東征ルートと重なるところです。

あと、前方後円墳の副葬品も北部九州の影響を色濃く受けていることがわかっていて、日本統一の勢力が西の方から徐々に時間をかけて東の方に移動して行ったということは間違いないと思います。

そして神武天皇自身（注：即位前も本表記で統一）は移動していきますが、立ち去ったあとの地域はまったく縁もゆかりもなくなってしまったかといったらそうではなく、神武天皇の考えをもとに、どんどん改革をしていく。こうした流れが東に移っていったと考えられます。

久野　これは、保田與重郎《やすだよじゅうろう》（一九一〇〜一九八一）などが書いているように、日本人にとって大切な〈食〉〈衣〉の産業が伝播《でんぱ》してゆく過程と見立てることも可能でしょう。

男性による食糧獲得の稲作と、女性による機織《はた》りの文化が、西から東へと伝わってゆく際に、文化が根付くまで九州内よりも本州の方で時間がかかったということを示しているのではないでしょうか。天孫降臨のとき、アマテラスオオミカミからニニギノミコトへ三種の神器（鏡・剣・玉）とともに稲穂が授けられたという伝承は、『古事記』にはなく『日本書紀』にしかありませんが、要するに奪い合いをせず協力して食糧獲得をすべしという

神武東征の経路

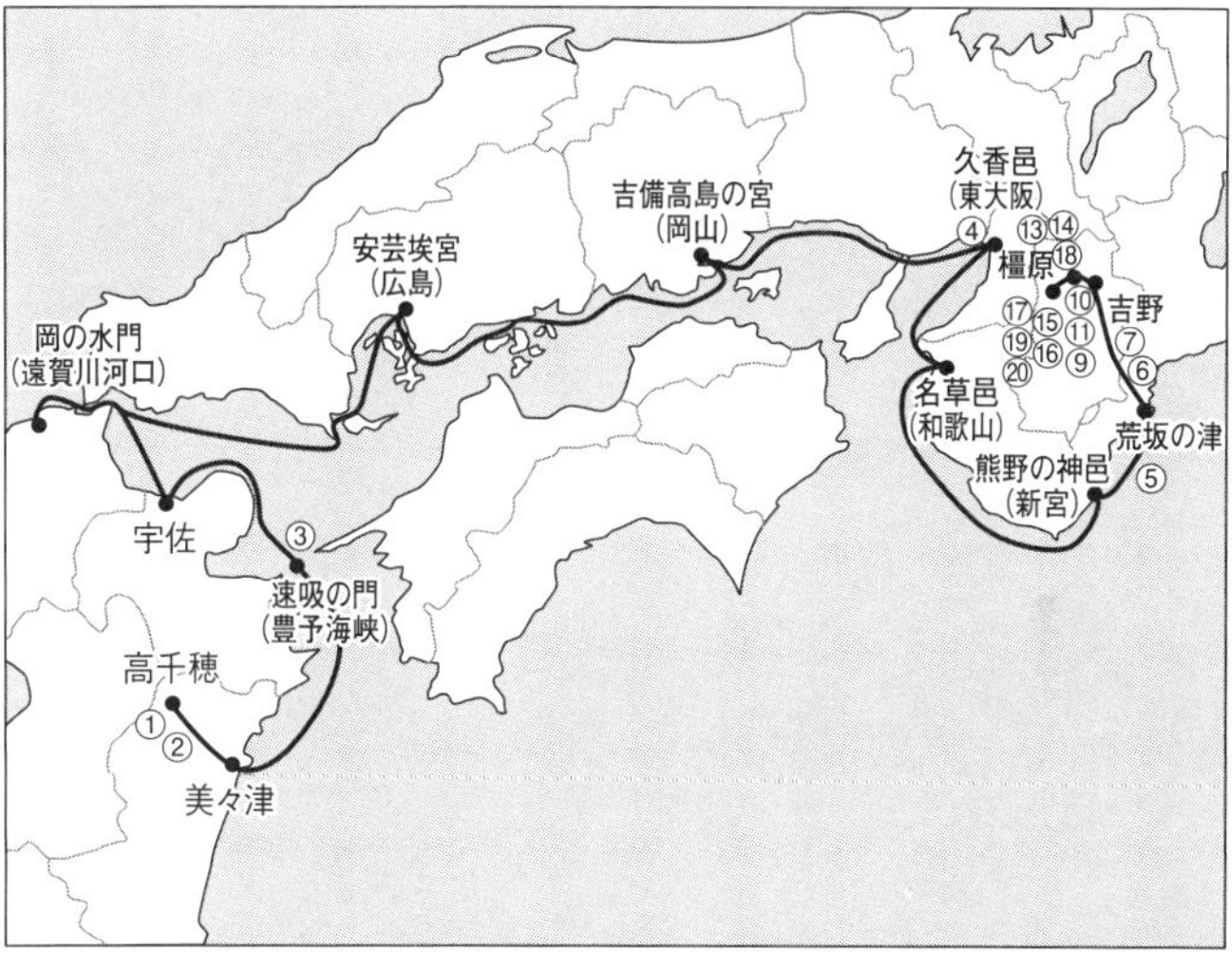

①神武天皇高千穂宮に御降誕

②高千穂に於ける東征《とうせい》御前会議《ごぜんかいぎ》

③宝船《ほうせん》美々津《みみつ》御解纜《ごかいらん》速吸之門《はやすいのと》に至る

④孔舎衛坂《くさえのさか》の激戦

⑤熊野灘の御危難

⑥高倉下《たかくらじ》 韴 霊《ふつのみたま》の剣《つるぎ》を奉り危難を祓ふ

⑦八咫烏《やたがらす》 先導を給はる

⑧道臣 命《みちおみのみこと》大久米命《おおくめのみこと》 詔《みことのり》 を奉じて兄猾《えうかし》を誅す

⑨吉野御巡幸と土豪の帰 順《きじゅん》

⑩丹生《にう》の川上朝原の祭

⑪国見丘の戦い

⑫忍坂《おさか》の大室《おおむろ》に八十梟師《やそたける》

⑬登美の瑞光《ずいこう》（金鵄《きんし》）

⑭饒速日 尊《にぎはやひのみこと》長髄彦《ながすねひこ》を誅して帰 順《きじゅん》

⑮奠都《てんと》と宮殿造営

⑯立皇后

⑰御即位礼

⑱鳥見山中 霊 時《とみのやまのなかのまつりのにわ》

⑲神武天皇崩御

⑳八紘為宇（八紘《あめのした》を掩《おお》ひて宇《いえ》と為《な》さむ）

象徴的なエピソードです。

竹田　そう考えたときに、やはり瀬戸内に入ってから時間を要しているというのは、トントン拍子に進まずに丁寧にだんだんに仕上げていったと理解できます。

久野　戦後の考古学は歴史学と対立するといいますか、特定の歴史学者が皇室否定のために率先して考古学を利用し、伝統的な歴史認識を変に崩してしまうところがありました。でも竹田先生も御指摘のように、最近さらなる発見により、逆に『日本書紀』の真実性を裏付けるような成果が現れてきています。

竹田　東征伝説で南九州から奈良の地に東征したという話をしておきながら、従来のように前方後円墳は東方の技術が入って来たというのはチグハグです。西の方の技術が結集されて前方後円墳になっていって、副葬品も九州から来ていると説明してこそ、考古学の成果と『日本書紀』の記述が完全に一致することになるのです。

考古学で調べれば調べるほど、『日本書紀』があながち間違ったことを書いてないということがわかってきます。なぜなら北から来たのに「西から来た」と嘘《うそ》をつく必要がないですから。多少大げさな部分はあったとしても、おおむね基本になるところは事実なんだと言えると思います。

久野　もともと戦後日本の歴史教科書は長らく、考古学の特定のところだけを中途半端に取り入れていました。たとえば世界のほとんどの国の歴史教科書では建国からの歴史、特に政治外交史を軸に、国家としての歴史が書かれています。
ところが日本の場合は、日本の歴史の始まりは「縄文時代」「弥生時代」、さらにそのあとも「古墳時代」というふうに、考古学の話で歴史区分をつくってしまっています。そして、その後でいきなり「飛鳥時代」「奈良時代」というように都の所在地で命名する政治史の方にシフトすることになります。考古学と歴史の悪しきコラボの見本のようなものですが、今はだんだんと良いコラボになりつつあるようですね。

竹田　近年では、考古学の成果によって神話が否定されるのはあまり記憶にないですね。むしろ逆で、垂仁《すいにん》天皇や景行《けいこう》天皇の居館が置かれた纏向《まきむく》遺跡など補強されることはたくさんありますが。

【注】

神武東征：記紀などにおける、初代神武天皇が日向を発ち大和橿原宮で即位するまでの事蹟。紀元二六〇〇年奉祝に際し、この伝承を描くために制作された交声曲『海道東征』（北原白秋詩、信時潔《のぶときよし》曲）は戦後事実上封印されてしまったが、信時潔（一八八七～一九六五）没後五〇年を機に再び各地で上演されるようになった。

靖國神社の源流

久野　神武東征の経路ですが、実は私も美々津（現在の宮崎県日向市）～一柱騰宮《あしひとつあがりのみや》（大分県宇佐市）～岡水門《おかのみなと》（福岡市）～埃宮《えのみや》（広島市）～高嶋宮（岡山市）と、西日本の海道史跡はほぼ訪ねて回りました。難波《なにわ》（大阪市）に上陸してから先では、昨年にようやく竈山《かまやま》神社（和歌山市）に参拝することができました。

毎年八月になると、総理大臣や閣僚が靖國神社に参拝する是非についての議論がメディアを賑《にぎ》わせます。知ったふうな学者やジャーナリストが靖國参拝に〝行ってはいけない〟根拠として、「保守系の人は靖國神社が日本人の精神のよりどころとかいうけど、あんなものは明治時代に入ってからつくられたものだし、国のために戦って死んだ人が神様になるなんて思想自体が明治以降に国民を戦争に駆り立てようと洗脳するための方便であって伝統でもなんでもない」というような説明をするのをよく聞きます。私からすれば、エエカゲン言うなと。この竈山神社は、敵との戦いで負傷して薨去《こうきょ》した五瀬命《いっせのみこと》（神武天皇の長兄）の御陵で神霊を奉斎したのが起源とされています。つまり国家の戦いで戦死した方を、今の靖國神社や各道府県の護國神社のように神様としてお祀りするというのを建国前からやっているわけで、立派な伝統じゃないかと。

竹田　その指摘は、なかなか面白いです。「明治以降のことだ」という変な主張を突き崩すには、一個例外があればいいわけですからね。しかもそれが、建国前だと。

久野　だから戦没者を神として祀るのが明治以降だという主張は、〝二五〇〇年以上遅れた〟思考です（笑）。こうした反靖國ひいては反日的な論者たちが神道などを腐そうとする主張に対しても、『日本書紀』を読んでゆくと、浅はかな発想をちゃんと解きほぐせる根拠が書かれている。

『日本書紀』において、国家のために戦死した人を顕彰する前例をちゃんと描いてくれていたことに対し、我々の側もきちんと受け止めなければなりません。

竈山神社がもうひとつすごいのは、明治のはじめに近代社格制度※ができたときには村社だったのが、なんと大正四年（一九一五）には官幣大社になります。いちばん下のランクから、伊勢の神宮を除く最高ランクまで昇格した唯一の例です。地元での崇敬が本当に篤くて、それをしっかり伝えてきた方々のおかげだというのを、取材調査に協力してくださ

五瀬命をお祀りし、本殿背後に竈山墓《かまやまのはか》(宮内庁治定《ちじょう》墓)を擁する竈山神社(和歌山市)

った吉良義章宮司も誇りにしていました。

竹田　神武東征においてはある意味、五瀬命の戦死があってこその、熊野からのリベンジ作戦が行われることになります。

久野　五瀬命の死を、無駄にするなと。

竹田　そうです、これは弔い合戦になったわけですからね。

久野　幕末の志士たちが、吉田松陰先生や戦死した同志の死を無駄にするなと国家のために駆けずり回ったのも、彼らが『日本書紀』を学んでいて同じ構図で難局を克服しようとしたのかもしれませんね。ちょっと飛躍しすぎかもしれませんが。

竹田　竈山神社の話はいいですね。それはこれからも声を大にして語ってください。

【注】

近代社格制度：『延喜式神名帳《えんぎしきじんみょうちょう》』（九二七）に記載された社格（官幣大社／国幣大社／官幣小社／国幣小社）にならって、王政復古（明治維新）後に新たに設定された社格制度。制度対象外の（伊勢）神宮を除き、上から官幣大社／国幣大社／官幣中社／国幣中社／官幣小社／国幣小社／別格官幣社（以上「官社」）、府社・県社・藩社／郷社／村社（以上「民社（諸社）」）と列格され、それ以外は無格社とされた。戦後は政教分離により全神社が国家護持から離れたため社格制度が廃止され、「旧官幣大社／国幣○社」として表される場合がある。

熊野詣の本当の意義

久野　神武天皇の軍は、難波から大和（奈良）へ入る戦略を修正して、南の熊野から回り込むことになります。従来の歴史教科書には神武天皇が出てきませんので、当然神武東征の記述もありません。さらに言えば、伊勢の神宮をはじめとして神社もほとんど出てきません。ところが熊野だけは、だいぶ後の平安時代になって出てくるんです。今ホットな「譲位」ののちに院政を始めた白河上皇が、※熊野詣《くまののもうで》を行うようになったという行《くだり》ですね。平安時代後期から世の中が乱れたため、実際に白河《しらかわ》上皇は九回、鳥羽《とば》上皇が二十一回、後《ご》白河《しらかわ》上皇にいたっては三四回も熊野詣をなさっています。

問題は、神武東征の話など熊野のなんたるかが教えられることもないまま、いきなり「熊野詣」が出てくることです。その前後の文脈では、上皇が天皇の父親として権力や財力を振るったような書かれようなので、単なる物見遊山、あるいはたいして根拠のない一時的な信仰のように読者に誤解されかねません。

竹田　やっぱり日本人として熊野はどんな意味があり、どんな場所なのかというのは知っておかなければだめですよね。

久野　竹田先生も著書『現代語古事記』（学研パブリッシング）で御説明のとおり、難波からそのまま大和、すなわち東に向かって攻めようとしたところ、それが太陽＝アマテラスの方角でもあったので、苦戦して五瀬命が犠牲になり熊野へ迂回《うかい》した。一度失敗したけれども、ピンチをチャンスにという具合に難局を打開し突破したのが熊野だった。そして熊野から大和まで道案内したとされるあの八咫烏《やたがらす》は、熊野の神様になっています。乱れた政局をなんとか打開しなければという各上皇の大御心《おおみこころ》と、これは無縁ではないでしょう。そういう意味で日本人に熊野信仰というのがあって、上皇が範を示されたわけです。神武建国さえ書かない教科書はいきなり「熊野詣」という用語だけ書いて、その説明をしないわけです。神社や神道についてほとんど記述しない戦後の歴史教科書についての、象徴的事例ではないでしょうか。お寺は教科書にもたくさん出てきて、入試でも「法隆寺の伽藍《がらん》配置を次の選択肢の中から選びなさい」とか出題されますからね。

【注】

熊野詣：現在の和歌山県に所在する本宮（現在の熊野本宮大社、田辺市）・新宮（熊野速玉《はやたま》大社、新宮市）・那智《なち》（熊野那智大社、那智勝浦町）の熊野三山に参詣《さんけい》すること。平安期以降、皇室では在位中の天皇の行幸はなかったが、宇多《うだ》法皇から亀山《かめやま》上皇まで約一〇〇回行われた。鎌倉時代に武士・庶民間にも広まり，紀伊路や伊勢路が拓ける契機となった。

八咫烏と金鵄

久野　話を戻しますと、『日本書紀』で神武天皇を助けた霊鳥として、もうひとつ金鵄《きんし》（金色のトビ）が有名です。

竹田　金鵄は『古事記』には出てこない話です。しかし五月人形でも、神武天皇が雄々しく立っていらして、弓の上に金鵄が止まっているというのが定番でした。

久野　先日テレビ番組を観ていたら、熊野古道のことを扱っていたのですが、そこで八咫烏の説明をしているときに画面に映っていたのは金鵄でした。

竹田　八咫烏は黒ですからね、ありがちな間違いです（笑）。

久野　じゃあ結構あるんですね（笑）。ピカーッと光って何かが退散している絵を映しながら、ナレーションで「八咫烏の導きにより……」と。

竹田　あります、あります。金鵄と八咫烏がもうごっちゃになってしまうという。

久野　神武天皇の東征において、そのあたりから「皇軍《すめらみいくさ》」の性格が顕著に出てくることになります。自分たちの勢力のために戦っているのではなく、皇軍として、国家として軍を率いているという位置づけにかわってゆく。

竹田　これは、まさに八咫烏に導かれるところから表現が変わるんです。それまでは、まだそういうものに守られていない感じで。

久野　天神の助けとコラボできていないような。

竹田　そうですね、難波に上陸したあと東に向かって戦ったのが、日に向かって弓を引いたことになってまずかったって書いてありますね。

久野　まだ「私戦《わたくしいくさ》」のような性格が残っていたと。

竹田　高天原すなわち天空世界からの援護がなく、孤軍で戦っていたことになります。ところが八咫烏が差し遣わされてからは、天空とつながったので、そこで八咫烏が自然と導き、さらには金鵄まで現れた、ということです。

久野　金鵄が『古事記』には登場せずに、特に『日本書紀』だけで取り上げられたというのも気になりますが、あと八咫烏勲章はなくて金鵄勲章だけというのは、金鵄の方が後世により重みを持ったということなのでしょうか？

竹田　八咫烏というと、どちらかというとやっぱり〝黒い〟イメージなんですよね。忍者というか、地元の山を知り尽くしたそういう……。

久野　ネイティブ（土着）の「野伏《のぶせり》」みたいな感じ……。

竹田　そうですね、黒子《くろご》的な存在です。金鵄の方は輝きわたるので、表に立つような感じですよね。八咫烏は縁の下の力持ちで、金鵄は見えるところで先導していくみたいな、そんなイメージの違いがあります。だからこそ、雄々しい神武天皇像の弓の先にとまるのは、八咫烏ではなく金鵄なのだと思いますね。

久野　それでは、余計に間違えてはいけませんね。そして長髄彦《※ながすねひこ》軍を降した神武天皇は、ついに橿原にたどり着いて橿原宮で初代天皇として御即位になります。『日本書紀』の伝統的解釈によると、西暦では紀元前六六〇年。これをもって「神武肇国《ちょうこく》（建国）」になるわけですが、その年から何年目というのが神武天皇即位紀元です。

ところで、私はいわゆる右翼団体の街宣車が、たとえば二〇一九年だと「皇紀二六七九年」と書いているのが気になります。「皇紀」だと、あたかも日本ではメインで使うべき別の紀元があるような前提で、そっちではない「皇紀」……みたいに聞こえてしまいます。有名な『紀元二千六百年』という奉祝歌もあるとおり、「神武天皇即位紀元」と言うのが長ければ、単に「紀元」と言えばいいのではないでしょうか。

竹田 伊勢の神宮の正式名称を「伊勢神宮」ではなく「神宮」と言うのと一緒ですね。我が国にとっては、いろんな紀元があるわけではなくて、紀元はひとつですから。

久野 「他の国に足並みを揃えなきゃ！」とばかり考えるのではなくて、そういう他のどの国よりも長い歴史を持つ我が国ならではの暦、「ザ・紀元」であるということを受け止めなければなりません。そういえば、『紀元二千六百年』冒頭の歌詞も「〽金鵄輝く日本の」ですから、やっぱり金鵄は重要ですね。八咫烏と間違えたらダメです（笑）。

竹田 そうですよ、金鵄（笑）。「八咫烏輝く」とは言いません、全然イメージが違いますから。やっぱり八咫烏は八咫烏、金鵄は金鵄。

久野　それぞれの役割があるということですね。これは余談ですが、八咫烏はサッカー日本代表のエンブレムになっていて、サッカーブームとともに再び知られるようになったようです。

　さて神武天皇が、現在橿原神宮が鎮座しているところで即位されたときに示された精神が「八紘一宇」――もともとは「八紘為宇」ですね。「掩八紘而為宇（八紘《あめのした》を掩《おほ》ひて宇《いへ》と為《せ》む）」、つまり世界中の民族が一軒の家に住むように仲良く暮らそうというのが日本の国是であると。

竹田　我が国の、建国の精神そのものですね。

久野　先ほど話題に出た三原じゅん子参議院議員が、やはり四年前に予算委員会で「八紘一宇」という言葉を使ったことでさんざん叩かれました。しかし三原議員本人も『橿原建都の詔』から引用したことを説明し、それが書かれた『日本書紀』では一三〇〇年以上も前から国民を「おおみたから」と呼んで慈しみ、自分より他人を思いやる利他の精神、絆《きずな》を大切にするこころや家族主義のルーツが記されていたのだと明快に説明しています（『東洋経済オンライン』平成二十七年四月五日）。それでもなお難癖をつける勢力は、ＧＨＱ占領政策の手先と言われても仕方ありません。

【注】
長髄彦：神武東征に抗した大和の豪族とされ、神武天皇軍を孔舎衛坂《くさえのさか》で迎え撃ち転進させた。熊野経由で迂回した神武天皇軍と再戦した際、『日本書紀』では神武天皇の弓の先にとまった金鵄により長髄彦軍は眼がくらんで戦闘能力を失い、自らが崇拝していた饒速日命《にぎはやひのみこと》によって誅殺《ちゅうさつ》される。

日本書紀が「偽書」ではない理由

久野　今さらの話ですが、『日本書紀』は偽書だという人がいます。偽書とまでは言わないにしても、特定の人たちの意図や都合で書かれたという人もいます。ただ特定の都合で書くのだったら、先にも触れたように「一書曰《あるふみいわく》」など入れる必要はないし、本文の内容としてももっと権力者にとって都合のいいことばかりを書くこともできたはずです。『日本書紀』には、皇室にとっても本来あまり知られたくないような話が出てきますよね。たとえば神武肇国以降だと、第二十代安康《あんこう》天皇が連れ子に殺されてしまうエピソードなどは最たる例のひとつでしょう。

竹田　そういうところを見ても、やはり『日本書紀』に書かれていることは事実に近いのだと思いますよね。
歴代天皇がいかに素晴らしいかというのをひたすら書き連ねているのであれば、単なる皇室の礼賛本ということになりますが、そうじゃない。安康天皇が身内に暗殺されるなんていう話は、もし本当じゃなかったらわざわざ書く必要もない。そういう恥ずかしいエピソードも書いているからこそ、素晴らしいエピソードの方もたぶん本当だったんだろうなと思えるのです。

久野　今の日本人が『日本書紀』全体として天皇の尊さ、皇室の大切さをわかったうえで、安康天皇の話を位置づけてくれるといいのですが。
しかしこうしたエピソードのあること自体が、これまでの日本人が歴史的に皇室、そして日本人というものをどれほど信頼しているかが表れていると思います。

竹田　正史を編纂するというのは、結局そういうことなのです。つまり私利私欲とか特定の人の政治的意図とかそんなものは排して、できるだけ正しく緻密《ちみつ》に記録をする——これが、正史を編纂する者の役割です。
私の専門分野で言えば、たとえば『孝明《こうめい》天皇紀』を読んでも、編纂する人は一生懸命いいことも悪いことも書こうとしているのがわかります。ちょっとでもねじ曲げて嘘を書くと、後でバレる。バレてしまうと、そもそもその文書自体の価値がなくなってしまいます。いちいち孝明天皇にとってよい記述を中心に書くような編纂をしたとしたら、その文書自体が無価値になってしまう。『昭和天皇実録』もそうですけど、昭和天皇にとってよい逸話やそうでない逸話やいろんなものが、淡々と書かれているわけです。

久野　少し前に流行った歌のフレーズでいえば、「ありのままの姿見せるのよ」と……。

竹田　そう、ありのままに。それが歴史記録を書くものの作法なのです。そのような作法が『日本書紀』から始まり、その後『六国史』とか『天皇実録』『天皇紀』に至るまで、公式記録としてちゃんと続いてきている。原点が「これは明らかな嘘だ」「政治的にねじ曲がったものがいっぱいある」となっていたら、その後も同じように「ちょっとこの大臣のことをいい感じで書いておこうぜ」みたいになった可能性があります。

久野　その場合は天皇よりもむしろ、その下にいる時の権力者におもねった記述になる可能性がありますね。

竹田　だからこそ、私利私欲や政治的な思惑を排す必要がある。それが『日本書紀』の頃から徹底されていたと私は見ています。

久野　自分たちが倒した前王朝のことを、歴史書でこれでもかと醜悪に描く中国と違い、王朝交代が一度もなかった日本の強みでもありますね。

軽薄な「欠史八代」論

久野　私はやはり、いわゆる「欠史八代」についてもそう見るべきだと思っています。第二代綏靖《すいぜい》天皇から第九代開化《かいか》天皇までの八代の天皇について、『日本書紀』での記述が少ないという理由だけで、戦後の歴史学界では不在説がまかり通っていました。しかし、もし〝いた〟ことをアピールするためだったら、いくらでも水増ししてエピソードをたくさん書けばいいわけです。あえて伝承が少ない、あるいは確認できる実績が少ないと見られかねない書き方であっても、わざわざその記録を残したということに、逆に意味があると思っています。

竹田　だいたい「欠史八代」と言いますが、そこでは天皇が誰と結婚したかということが延々と書かれています。それ自体ご事績です。どんな勢力と婚姻関係を結んだのかがそこからわかるわけです。「欠史」というのは後世の学者の穿《うが》った見方にすぎません。

久野　たとえば江戸時代創業の企業でも、初代つまり創業者については伝承もたくさん残っていて詳しくわかっていても、二代目から途中までは不明点が多くて、明治時代に入ってからまた詳しく史料とかが残っているようなケースがいくらでもあります。それを考えると当時——つまり西暦七二〇年の時点において、第二代～九代天皇について史料的制約があったり、伝承が欠落していたりすることは十分に考えられます。

竹田　先にも述べたように、初代の記憶は残りますから。松下幸之助の次の社長は誰かは、普通は知りません。

久野　娘婿の松下正治さんですが、関係者以外にとっては松下幸之助ほど知られていないでしょうね。

竹田　本田宗一郎の次の社長は誰？　福澤諭吉の次の塾長は誰？……といわれても、なかなか知っている人はいないと思います。初代の記憶は象徴的に語られますし、もしかしたら神武東征というのも、第二代・三代の方の功績も合わせて一人の天皇の功績として語られたのかもしれません。しかしそれでも、日本という国をどういうふうにつくり上げたかは、十分に語られてきたと思いますけどね。

久野　そして「欠史八代」を唱える方々がよく指摘するのが、『日本書紀』の紀年法です。『日本書紀』に書かれた年数をそのまま文字どおり読み解くと、たとえば神武天皇は一二七歳で崩御したことになる。長寿すぎるという点ばかり過剰に反応して、古代の記述全体を嘘だファンタジーだとする論者もあとを絶ちません。

竹田　かつては一年で二回歳をとるという数え方があったので、半年ごとに一歳だとするとだいたい六〇歳ちょっと。これで辻褄《つじつま》が合ってきます。その後、中国の暦の影響を受けていつしか一年で一歳という数え方に変化してきたのかもしれませんが、『日本書紀』はそれよりもっと遡って書いていますから。

久野　辻褄が合わないところがあると全部価値がなくなるのではなくて、辻褄が合わないところはとりあえず飛ばして読むべきだと、竹田先生が普段からご指摘の通りだと思います。

竹田　これはもう、史料を読むときの基本中の基本です。「一か所矛盾があったら全部無価値」ということであれば、それこそ『魏志倭人伝』なんか全部ゴミになる。それは学者の態度ではありませんよ。

久野　同じく中国の史書である『後漢書《ごかんじょ》』では、ローマ帝国のマルクス・アウレリウス・アントニヌス皇帝までもが朝貢しに来たように書いてありますからね。当然その部分については、当時のローマ帝国としては認めないでしょうが。

竹田　アハハ、すごいですね。

継体天皇と男系継承

久野　『日本書紀』を読めば、日本という国の歴史がただ単に何事もなかったから平和だったのではなくて、やはり幾度となく危機を乗り越えてきたのだということがわかります。危機は様々ありますが、「皇位継承問題」に関しては第二十六代継体《けいたい》天皇の御代ですね。

竹田　『日本書紀』では系譜や、天皇が大和にお入りになる経緯について『古事記』よりも丁寧に書かれています。書名からして古いことを語るのが目的である『古事記』の中では、継体天皇はいちばん新しい方の部類ですよね。したがって、『古事記』を書いている時点では、いちばん情報があったはずなのに。

久野　あえて、割愛した。

竹田　だから『古事記』で省略されている部分を『日本書紀』から読み取ることができます。

久野　第二十五代武烈《ぶれつ》天皇の跡を継がれることとなった継体天皇は、大和の都に入る前に、まず、現在の大阪府枚方《ひらかた》市に位置する樟葉宮《くすばのみや》で即位後二十年過ごされます。私、実は枚方生まれなんですが枚方、特に樟葉に住んでいる人でも、継体天皇が都を営まれていたことを知っているのはごく少数なんです。だからこそ、『日本書紀』編纂一三〇〇年ではこういうところでも「実はあなたの地域にも都があった」的なアピールも含めて、できるだけ多くの市町村でコラボしてもらいたいものです。

竹田　継体天皇が、ご即位のときにすぐに大和に入らなかったというのがとても重要です。継体天皇の時に王朝交代説（万世一系の天皇観に対し、四～六世紀の間においてはいくつかの王朝の創始、交替があったとする）を唱える人がいますけれども……。

久野　反天皇思想を持つ方でなくても、継体天皇で王朝交代が起こったと主張する方はいますね。

竹田　「継体天皇が王朝を簒奪《さんだつ》した」というような視点で語る人もいますが、これは歴史学上否定されています。継体天皇が大和に入るのに時間を要したのは、応神天皇の五世孫——はるか遠くの血筋の人を連れてきて天皇になりいただくということで、豪族たちの間での合意が形成されるまでに、それだけ時間を要したということでしょう。

『日本書紀』にもちゃんと系譜が載っていて、先帝の娘を娶ったということが明確に書かれていますので、少なくとも武力による簒奪でないのは明らかです。

久野　継体天皇は大和へ入るのにともなって、先帝の武烈天皇を奉葬（現：傍丘磐坏丘《かたおかのいわつきのおかの》北陵《きたのみささぎ》）することで、名実ともに皇統を継いだことになります。ここでわかることは、皇位継承について後世まで語り継がれているということと、やはり「男系男子」で継がれることの重みが再確認されたことです。

竹田　継体天皇の皇位継承は、神武天皇のご即位以来初めての皇位継承の危機でした。こうした事態をどう乗り越えるかというときに、男系を重視することがここで明確に示されたということです。

久野　男系男子に対して、女性天皇、ひいては「女系」天皇を認めようという動きが一部にあって、なかでも「男子がいらっしゃらないなら、女性天皇は過去にも存在したんだからいいじゃないか」といった主張が目につきますが、これは暴論です。我が国最初の女性天皇は第三十三代推古《すいこ》天皇ですが、これは『日本書紀』にも書かれているとおり、先代の崇峻《すしゅん》天皇が蘇我馬子の手の者に弑逆《しいぎゃく》されてしまったという状況が前提にあります。実はこのとき、皇族の男子はたくさんいた。第三十一代用明《ようめい》天皇の皇子である聖徳太子もそうです。

つまり、どの男子が即位されても蘇我氏という権力者の孫や甥に当たるような状況だったのです。

竹田　推古天皇は第三十代敏達《びだつ》天皇の皇后で、そういう方が日本の歴史において女性であらせながら天皇におなりになったのは、それによって皇位継承の大混乱を避けるためでした。この辺の経緯も『古事記』はほとんど書いていないので、やはり担ってくれるのは『日本書紀』ですよね。継体天皇以降になりますと、『古事記』はほとんど系譜ぐらいしか書いていないですから。

久野　『日本書紀』は意図的に蘇我氏を貶《おとし》めているという指摘もありますが、ともあれ崇峻天皇が何かしらの形で弑逆されたことに間違いがないとすれば、〝男子がいないから女性天皇〟という近年の主張の引き合いに当時の話を持ち出すのはナンセンスでしょう。状況がまったく違います。

竹田　そして押さえておかなくてはならないのは、推古天皇にしても、生涯未婚を貫くという前提でご即位になったということです。

久野　それをメディアや一部の学者・ジャーナリストは、推古天皇以下一〇代八方の女性天皇を持ち出して、現に「女性天皇がいた」というそれだけを取り出して伝えようとします。まさに〝知らない人向け商売〟と言いますか、都合のいいときだけ天皇に出てきてもらってそれ以外のときは知らんぷりという、従来の歴史教科書の性格と軌を一にするような手法です。

男系は女性差別ではなく男性排除

竹田　多くの国民は「愛子天皇でいいじゃないか」と悪気なく支持してるのだと思いますが、皇位の男系継承を断とうとする勢力は皇室を滅ぼす意図を持って、持久戦・長期戦を展開してきているので、明確に区別する必要があります。

そうした勢力は、当初は「女性・女系天皇容認」を唱え、次に「女性宮家創設」と聞こえのよい文言を使って喧伝《けんでん》し、反対すれば「女性差別」だとレッテルを貼る。反論をしにくい空気を醸し出してきたのです。しかし、差別というのであれば、女性ではなく、男性差別というべきでしょう。すなわち、「女系の禁止」とは女性天皇の婿となられる民間男性が皇族になることを禁じ、その子供が天皇になることを禁じているからです。

女性宮家の創設とは、そこに入る夫も皇族になるということです。具体的にいえば、小室圭氏が皇族になる可能性があるということです。

久野 確かに、我が国では一三〇〇年以上前の藤原氏の頃から権力者が自分の娘を皇室に嫁がせる、すなわち民間の女性が皇族になることを受け入れてきた歴史があります。

しかし、時の権力者は自分の娘を皇室に嫁がせ、その息子を天皇にすることはできても、自分の息子を皇族にしたことは一例もありません。竹田先生のおっしゃるように、男系継承は女性差別ではなく、民間の男性が皇族になることの排除です。

このことは声を大にして言いたいですね。

竹田 天皇の地位は、徳があるからとか、国民を思う気持ちが強いからとかによって成り立つものではなく、血統の原理（父親の父親の父親……と遡《さかのぼ》れば初代神武天皇にたどり着くこと）がすべてです。能力主義ではなく、どんなに努力しても、どんなに人格高潔であっても血統の原理から外れた人物は天皇にはなれないのであって、この原理から外れたものが皇位を継承することになれば、男系でも女系でも何ものでもないものとなり、それを「認める」、「認めない」で意見が分かれ、皇統をめぐって日本国民が分裂することになりかねません。「女系」など言葉のレトリックで原理的にありえないのです。

江戸時代に皇統の行く末を案じた新井白石《はくせき》は世襲親王家（宮家）を三家から四家に増やしました。その後明治時代に至って国力が増すとともに増設されて十四宮家となったのです。

久野　竹田宮家も後継者のひとつですね。

それが敗戦後のGHQの占領政策により、皇室財産に対する課税などを強要され、三直宮家を除く十一宮家が臣籍降下を余儀なくされました。

竹田　宮家（世襲親王家）とは直系継承が行き詰まったときに天皇になる方を分家筋から出すために存在するものです。

評論家の大宅壮一氏はこれを「血のリレーの伴走者」と表現しましたが、そのとおりです。宮家から天皇を出した事例は八〇〇年に一度くらいにすぎませんが、そのために宮家が存続していたのです。

旧宮家の皇籍復帰に反対する勢力は、各宮家は現在の天皇家とは約六〇〇年前に枝分かれした家系であり、血縁関係が薄いと主張します。しかし、各宮家は代々現在の天皇家との婚姻によって血の近さを保ってきました。竹田家の例でも、北白川《きたしらかわ》宮能久《よしひさ》親王の長男と明治天皇の内親王が結婚して新宮家を創立したことによって血筋の近さを保っているのです。なお、旧宮家には男系男子は多数存在しており、東久邇《ひがしくに》家、賀陽《かや》家、竹田家には複数存在し、現在も子供が次々に誕生しています。

久野　当事者である竹田先生がおっしゃると説得力が違いますね。小林よしのり氏などは旧宮家など世俗に染まった一般人を国民は認めないと言ったり、皇族への復帰を望む旧宮家のひとはいないと断じたりしていますが、皇室を大切に思っているはずなのに、一方で「旧皇族」に対する敬意がまるでないのは理解できません。それこそGHQ占領政策の思惑どおりではないでしょうか。

白村江の戦いは、そのあとが大事

久野　次に対外的な危機を見てみますと、天智《てんじ》天皇二年（六六三）の※白村江《はくすきのえ》の戦いがあります。これは唐・新羅《しらぎ》連合軍に惨敗するわけですが、負けたのだったらもう書かないとか、あるいはそれこそ勝ったかのように捏造して歴史書に記す国も多いでしょう。ところが『日本書紀』ではちっともカッコつけようとしないどころか、連戦連敗だったと正直に書かれています。

竹田　きちんと事実を伝えようとする気持ちが強かったのでしょうね、事実を歪曲《わいきょく》してまで都合のよいことを書くのではなかった。結局そこが難しいところで、もともと中国が正史を書いていたわけですけれども、王朝が倒れた後に次の王朝が前の王朝の正史を書くというスタイルだった。

久野　中国ではしょっちゅう王朝交代があるから、そういうことを繰り返してきたと。

竹田　自ら書くのではないので、前王朝の最後の皇帝は悪者として描かれることはあったとしても、第三者的に淡々と書けたと思うんですね。ところが日本の場合は王朝交代がないので、自分たちで正史を書かなければということで、しびれを切らしてようやく書き始めたのが『日本書紀』ですから。自分たちで自分たちの正史を書くというのは、中国ではしてこなかったことです。だからこそ、あんまり恣意《しい》的に歪曲した書き方をしてしまうと、もう正史編纂プロジェクト自体が無価値になってしまうわけです。カッコ悪いことだからこそ、カッコ悪いまま書くという意識が働いたと私は見ています。

久野　おっしゃるとおりだと思います。そして淡々と事実を羅列した正史でありつつ、しかし後世の人がそれに触れて、将来また同じような危機に直面したときに国を守る知恵なり教訓なりを引き出してきたはずです。たとえば白村江の戦いに関しては、負けたこと以上に、負けたあと何をして備えたかということが『日本書紀』に書かれています。戦いの翌年、対馬《つしま》・壱岐《いき》・筑紫《つくし》に兵士と狼煙《のろし》台を置き、筑紫にはさらに堀に水を貯えた水城《みずき》を築いて備えたと。

竹田　外国に遠征してこのように負けるなどということは、日本の国の存亡に関わる大変な出来事ですけれども、じゃあなぜ負けたのか、負けた後どうなったのか。これを記録しておけば、後世同様の国難があったときに参考になるわけです。したがって、何を書くか、何を書かないか、この辺は綿密に取捨選択された結果なんだろうなと思います。

久野　日本の歴史を二六〇〇年のスパンで見たとき、建国が『日本書紀』の伝える紀元前六六〇年とすると、白村江の戦いの時点で建国から一三〇〇年ほど経っています。そして、白村江の戦いの後、日本がボロ負けするのは昭和の大東亜戦争だけなのです。

だから二六〇〇年でたった二回——つまり一三〇〇年に一回しか、日本は対外戦争でボロ負けしていない。

それはなぜかと考えれば、白村江の戦いのあと「次負けたら、今度こそ国が滅びる」と危機感を持って、砦《とりで》を全国に築き、敵がどこからか攻めてこようものなら狼煙リレーですぐに都へ伝わるという完璧《かんぺき》な国防体制を敷きました。

重要なのは、それなりの体制を敷いたから安心するのではなくて、その後の歴代政権もずっと、天智天皇（第三十八代）の御代に倣い〝その時点で考えうる最高の国防体制を敷く〟ことを続けてくれたのだと、いうことです。そういう意味で『日本書紀』に伝わることを引き継いでくれた日本というものが、常にどの時代もあったおかげで、その後一三〇〇年負けなかったと私は考えています。

【注】
白村江の戦い：天智天皇二年（六六三）、日本軍と百済《くだら》復興軍が唐・新羅連合軍と朝鮮半島南西部の錦江《きんこう》河口付近で戦い、日本側が敗北した海戦。三年前に唐・新羅連合軍により百済が滅ぼされ、百済の遺臣たちが日本に救援を求めてきたことにより生起した。

神宮式年遷宮と『日本書紀』編纂はセット

久野 『日本書紀』には、後世の人たちに様々な国難を乗り越えた歴史を伝えることに加え、「これを教訓としてくれ」という後世へのメッセージがあったはずです。皇位継承以外で、いちばん目に見える形で今に伝わっている大きなもののひとつが伊勢の神宮でしょ

世界最大の戦艦「大和」 艦内神社の分霊元であり、そのゆかりから（沖縄へ向かう戦艦大和を旗艦とする）第二艦隊戦没者慰霊祭が「大和」沈没の4月7日に毎年斎行される大和神社（奈良県天理市）

う。

竹田　三種の神器※は高天原——天空世界から送り込まれたものですが、歴代天皇の皇位継承によってずっと受け継がれてきました。『日本書紀』によると第十代崇神《すじん》天皇が「自らの居所でこれを祀るのは非常に畏《おそ》れ多い、より良い環境でお祀りすべきだ」とお考えになって、宮中から三種の神器のうちの二つ、鏡と剣が出されたということです。

久野　「天神地祇《ちぎ》」という表現があります。天の神様と土着の神様。まさに三種の神器を通して天の神様である天照大神を祀り、そして日本の土着の神様である日本大國魂大神《やまとおおくにたまのおおかみ》をお祀りする。ところがそれを、宮中でお祀りしていたからまずかった、と。天照大御神はそのあと笠縫《かさぬい》（現在の奈良県桜井市～田原本町あたり）を経て伊勢にお祀りされますが、日本大國魂大神は大和郷《おおやまとごう》（現：奈良県天理市）にお祀りされて大和《おおやまと》神社の起源となります。今は「戦艦大和の神社」として知られるようになりましたが、「大和」の慰霊祭には毎年参列していても、意外と神様がお祀りされるようになった由緒を知らない方も多いようです。

竹田　そうかもしれませんね。

久野　「天神地祇」をお祀りするうえで、伊勢の神宮と対になる神社であったわけですよね。そしてその神宮を、皇祖神をお祀りする神社として永代に継承してゆく式年遷宮が、まさに『日本書紀』の編纂と前後して始まりました。

竹田　天武天皇が『日本書紀』の編纂を命ぜられて、持統天皇の御代から神宮式年遷宮が始まります。神宮をいかに後世に伝えてゆくかというのも、これは建国の経緯をいかに伝えていくのかというのと同じ発想の延長線上にあると思います。そこで考えついたのが、二〇年に一度のお建て替えをすることによって、この神宮を未来永劫《えいごう》残してゆくというところにたどり着いた。

久野　当初から想定されていたのかどうかはわかりませんが、少なくともその結果、常若《とこわか》の社殿として二〇年に一回建て直される技術の継承にもなって現在にまで至ります。ともあれ、天智天皇はその後一三〇〇年もの間ガッチリ国防を行う流れをつくり、弟の天武天皇は国史編纂に式年遷宮の制定と、ご兄弟の天皇で我が国史上かなり重要な役割が果たされたことになります。

竹田　その三種の神器がなぜ宮中から出て伊勢の地に鎮座したのかという描写も、『古事記』だとサラッと書かれているだけですけれども、『日本書紀』ではその後の※斎宮《さいぐう》のこととかも含めて記録されています。

【注】

三種の神器：皇位の象徴として相伝されてきた八咫鏡《やたのかがみ》・天叢雲剣《あまのむらくものつるぎ》（草薙剣《くさなぎのつるぎ》）・八尺瓊勾玉《やさかにのまがたま》の総称。瓊瓊杵尊が天孫降臨の際、天照大神より授かったとされる。

斎宮：第十代崇神天皇の御代より、天皇即位ごとに新任されて伊勢の神宮に奉仕した未婚の内親王や女王。「斎王」「御杖代《みつえしろ》」とも称し、第九十六代後醍醐天皇の御代まで受け継がれた。

神宮式年遷宮を中断させた足利将軍

久野　ついでに言いますと、賛否両論で評価が分かれているような歴史上の権力者についても、「神宮式年遷宮をちゃんとやってくれたかどうか」という基準で再評価すべきだと思います。その代表例が織田信長（一五三四～一五八二）で、一二三年中断していた内宮《ないくう》式年遷宮を復興したのも彼ですが、戦後の歴史教科書ではそのことが一顧だにされず「神をも恐れぬ人物」扱いされています。

竹田　そうですね、式年遷宮を軽視する権力者はろくな権力者じゃないです。

久野　で、なぜ一二三年（一四六二～一五八五）も空いてしまったかというと、応仁《おうにん》の乱があったとはいえ、室町時代後半期の足利《あしかが》歴代将軍がサボっていたからです。鎌倉時代は北条家主導の政治の中で歴代将軍、時期によっては天皇さえ蔑《ないがし》ろにされていましたが、それでも例外なく一九年に一度内宮と外宮の式年遷宮が行われています。室町幕府なんて、式年遷宮の費用にあてるためのエキストラな税である役夫工米《※やくぶくまい》の徴収権を朝廷から奪っておきながら、結局やらなくなったわけですから。

竹田　その足利将軍の究極が第三代足利義満《よしみつ》ですからね、自ら天皇になろうとしたかもしれない権力者でした。

久野　実は足利義満が将軍の頃から式年遷宮のタイミングが遅れ出して、その後、応仁の乱が起こってからは、二度と室町幕府による内宮式年遷宮が行われることはありませんでした。戦前の日本人が足利を逆賊扱いしていたのは、単に楠木正成ファンだったからというだけではなく、『日本書紀』に伝わる神宮を蔑ろにしたのを踏まえてのことだったのではないでしょうか。

竹田　ああ、なるほど。

【注】

役夫工米：神宮式年遷宮の造営費用調達のため、承保《じょうほう》三年（一〇七六）の第二十一回内宮式年遷宮より全国の公領・荘園などに課せられた、夫役の代わりに米（のち銭でも）を徴収する臨時の賦課。室町時代には賦課／免除権が幕府に移ったが、寛正《かんしょう》三年（一四六二）の第四十回内宮式年遷宮を最後に徴収能力が失われた。

第四章

国難を乗り越える『日本書紀』

『大日本史』と『日本書紀』

久野　さて、近年の大河ドラマでもしばしば扱われる幕末という時代は、ドラマで観る分にはワクワクする時代ですが、歴史学的に見れば大変ヒヤヒヤする時代でもあります。たとえば不平等条約を締結させられたアメリカ・イギリス・フランス・ロシア・オランダなど、どの一国とってでも日本が束になっても敵わないような列強諸国が、一斉にこっちへ向かってきているような情勢です。ある意味では日露戦争や日米戦争以上ともいえる、この幕末の国難を乗り越えるひとつの原動力になったのも、やはり『日本書紀』でした。
幕末にいきなりパッと準備ができたのではなくて、江戸時代二〇〇年の平和の中でも、いったん緩急あれば自分たちは何を守らなければいけないのか理解できる日本人がちゃんと育成されてきたのです。具体的に言えば、まず「水戸黄門」こと水戸藩主徳川光圀《みつくに》（一六二八～一七〇〇）によって編纂《へんさん》された『大日本史』を通して、日本人が『日本書紀』とのつながりを取り戻したと言えるのではないでしょうか。

竹田　『日本書紀』は天皇を中心とした書き方なので、『大日本史』も当然その延長線上です。

久野　徳川光圀といえば、先述の松下幸之助が戦後に形を変えて、ナショナル劇場『水戸黄門』の主人公として有名にしてくれました。勝手な想像かもしれませんが、心ある日本人は、このドラマで徳川光圀という存在を知って、本当はどういう人だったのかをあとから自分で調べてくれると松下幸之助は思っていたのではないかと。

『大日本史』は『日本書紀』以降の史書をもとに「本紀」で歴代天皇を確定して、「列伝」でその藩屛《はんぺい》として皇族や国家を支えた歴史上の人物についてガッツリ取り上げています。「日本の歴史は長い」くらいには思っていた江戸時代の人たちにとっても、改めて歴代天皇をリスト化されてこれだけ長いのかと気づかされ、何が日本を守ってきたのかということについて強烈に印象づけられる内容だったはずです。

というのも、徳川光圀は若い頃から中国の『史記《しき》』などにも触れることで、国家というのは滅びるものなのだと気づいた。悠久の歴史を持つ日本だけが本当に例外で、なんとなく続いているのではないということを重々思い知ったはずです。その感覚を、多くの日本人が視覚的に共有するきっかけになったのが『大日本史』です。

竹田　それも、『日本書紀』があったからこそ前期の歴代天皇がわかったわけです。もし

『日本書紀』が失われていたり、あの時点でまとめられていなかったりしたら、いくら水戸黄門が現れても、『大日本史』を編み上げることはできなかったでしょう。

久野　江戸時代の時点での〝日本近代史〟みたいな感じになってしまったでしょうね。

竹田　なってしまいますよね。「これより前は古すぎてわかりません、以上」ということになっていたと思います。

『日本書紀』も伝えてくれた国学者

久野　それと江戸時代でもうひとつ取り上げたいのは、『古事記伝』を著して『古事記』を一〇〇〇年の眠りから呼び覚ました本居宣長に対して、歴史を描く際に『古事記』だと決定的に欠けるところがあるので『日本書紀』の方が重要だと言ったのが橘守部《たちばなもりべ》（一七八一～一八四九）です。

橘守部の方は今あまり有名じゃなくて、結局『日本書紀』を誰が掘り起こしたのかということについてはあまり意識されませんが、その重要性を変わらず伝えてくれた国学者や儒学者の存在もやはり大きいはずです。

竹田　確かに本居宣長の方が圧倒的に有名ですから、『古事記』が有名になってしまった面があります。繰り返しますが、どちらが重要かは問題ではなくて、それぞれ役割が違います。だからこそ二種類にまとめさせたというのは、天武天皇のすごいところだと思うんです。それぞれ背負うべきものがあるということです。だから橘守部は本居宣長を批判し、「『日本書紀』が重要なのだ」と訴えたのだと思います。

久野　橘守部は『難古事記伝』という、『古事記伝』批判のための本も書いていますが、その五年後の弘化元年（一八四四）に三〇年かけて完成させたという『稜威道別《いつのちわき》』で「古伝説の本義」において『古事記』よりも『日本書紀』を重視する立場を明確にしています。そして翌年の『稜威雄誥《いつのおたけび》』では、本居宣長ら『古事記』に依拠した国体論が「多く肯綮《こうけい》（物事の急所）に中《あた》らず、末節に拘泥《こうでい》しているために、当時の儒学者たちが「儒教伝来によって初めて神道が成立した」と言っているような邪説を論破できないのだと。

平たく言えば、宣長は『日本書紀』が漢文だからということで、純粋な日本精神を伝えられていないと危惧《きぐ》したわけですが、橘守部は一部の儒学側の間違った発想を打ち破るためにこそ、漢文で書かれた『日本書紀』が重要だと考えたということでしょうね。

竹田　むしろ今「記紀」と対にして語られるようになっているのは、『日本書紀』の役割をしっかりと説明してくれた橘守部がいてこそだと思います。

久野　『日本書紀』に書かれている紀元年数をもとに、紀元二六〇〇年にあたる昭和十五年（一九四〇）に、国家的にお祝いしようという動きがありました。これについても、戦後の歴史学者たちは「建国から数えて紀元何年なんていうのは、明治時代に入ってから『日本はスゴいんだ』と国民を洗脳するために言い出した」などと言ったりしますが、そんなことはありません。江戸時代に紀元二五〇〇年を国家的にお祝いしようと建議したのが、まさに先ほどの徳川光圀から七代後の第九代水戸藩主徳川斉昭《なりあき》（一八〇〇～六〇）です。結果的には幕末の大変な時期だったこともあって見送られましたが、江戸時代から紀元をしっかりと意識した動きがあったわけです。

竹田　戦後歴史学者の洗脳を正すためにも、その話は大変重要です。

久野　幕末の志士たちが、「建国から二五〇〇年を迎えるような悠久の歴史を持つ我が国を絶対滅ぼしてはいけない！」と立ち上がった。なおかつ『日本書紀』をベースに年数が意識されていたということで、やはり日本を支える原点として『日本書紀』が蘇《よみがえ》ったことを再評価しなければいけません。

竹田　確かにそこを再評価しないとダメですね。

歴代天皇陵を示した蒲生君平

久野　その紀元二五〇〇年にもつながる話なんですが、水戸黄門さんのほかに蒲生君平《がもうくんぺい》（一七六八〜一八一三）を挙げたいと思います。

この人がまたすごい方で、志を立てて三十代で八十四代にわたる天皇陵を全国で調査して『山陵志』を著しました。

たとえば初代神武天皇については、『日本書紀』に崩御の翌年「畝傍山東北陵《うねびやまのうしとらのすみのみささぎ》」に葬られたと書いてあるのを参考に割り出していったわけです。天皇陵っぽく残っているところもあれば、何だかわからないところもあったようですが、ともかくも先ほどの歴代天皇リストに加えて歴代天皇陵リストができたと。これがさらに、幕末の志士たちの志に火をつけたはずです。

竹田　やはり、天皇陵を実際に目で見てわかるということが重要です。歴代天皇の系図だけバーッと見たところで……。

久野　ちょっとヒネくれた志士だと、「ほんまにいたんかいな」みたいな（笑）。

竹田　（笑）ちゃんと御陵があると、本当にいたのだということが実感できます。しかも仁徳《にんとく》天皇陵は、全長五二五メートルですから、迫力があります。統一国家としての国家事業でなければ、あれほどのものをつくれるわけがない。

　ビジュアル的な説得力は、山陵が特定されてこそでしょう。もちろん当時の技術、学問的水準上、仮に多少あやふやな部分があったとしても、「ここは○○天皇の御陵だ」ということを示した意義は大きいですね。

久野　ちなみに「前方後円」墳の名付け親である蒲生君平も、代表的な前方後円墳である箸墓《はしはか》（奈良県桜井市）を卑弥呼の墓とは言っていません。あと、私が小学生時分に使用していた教科書では、思想的な偏りが天皇陵の描写にまで表れていました。古代の民がおそらく天皇陵をつくっているイラストが見開きにまたがって、みんな鞭《むち》で叩かれながら強制労働やらされているような感じで描いてありました。さらにはナビゲーターの子供の「この人たちは、どこから連れてこられたんだろう?」というセリフが入れられていたり。

竹田　ひどいなぁ、その教科書は相当悪意があります。だって、日本には奴隷制度なんてないのですから。

久野　日本はこの頃から「強制連行」していたのだと刷り込みたいのかもしれません（苦

笑)。

正史である『日本書紀』に書かれている日本の実情よりも、現行教科書の執筆者が自分の階級闘争史観を大上段に掲げた結果でしょう。ついでに言えば、今の憲法第一八条に「何人も、いかなる奴隷的拘束も受けない」なんてわざわざ書いてあるのもナンセンスですよね。

ところで、昨年(平成三十年)はこの蒲生君平の生誕二五〇年ということで、蒲生君平をお祀りする蒲生神社(栃木県宇都宮市)で行われた記念祭典に私も参列させていただきました。

竹田 なるほど。ただ、全国的には蒲生君平についてのニュースは聞かなかったですね。

久野 宇都宮近辺では、こうしたテーマに関して結構勉強会とかシンポジウムがあったようですが。

竹田 学校の教科書では、ちゃんとこういうことを教えていないですからかね。

高山彦九郎は教えてはいけない!?

久野　歴史教科書では蒲生君平もロクに説明しないままに、※林子平《しへい》・※高山彦九郎と合わせて「寛政の三奇人」とだけ書いてある場合が多いです。学校の先生が補足説明しないと、みんな「三人のおかしな人か」などと思っているかもしれません（苦笑）。

竹田　私も中学の歴史教科書を編集して検定を受けたときに、高山彦九郎について書いたら、「これはよくない」と文部科学省から指摘されました。

久野　えー!?

竹田　「なんでですか?」と聞いたら、中学の歴史の先生はそもそも高山彦九郎を知らないから、先生が教えられないと。それは単に先生のレベルが低いだけではないかと思うのですが。

久野　低いレベルの先生に合わせろと。

竹田　そう、だからここで高山彦九郎について書いているのは不適切だと言われたのです。

蒲生君平をお祀りする蒲生神社（栃木県宇都宮市）で平成30年7月5日（蒲生君平の命日）に斎行された、蒲生君平先生生誕二百五十年祭

久野　実は私は大学院生時代、京都三条の高山彦九郎像――通称「土下座像」の真向かいに住んでいました。アメリカ軍によるイラク戦争の時期で、あちこちに反対派が「朝○時に土下座像前集合！」とか張り紙をして、毎週土日になると本当にデモ隊が集まって来るんです。ちょうどブッシュ大統領が京都御所内の迎賓館に来ていたので「ブッシュさんに聞こえるように、みんなでシュプレヒコールをしましょう!!」って、勤皇の志士である高山彦九郎の周りに市民団体が集まって……。

竹田　ハハハ、それは面白い。高山彦九郎を教えてはいけないというくらいだから、蒲生君平もダメだということになります。

久野　これでまた、『日本書紀』の大切さがわかる入口のひとつが奪われたということですね。先生が学ぶための歴史の教科書、これだけ読んでから日本の歴史の先生を名乗れというような教科書をぜひ竹田先生に編纂していただきたいです。

竹田　歴史の重要な部分なのに、先生のレベルに合わせろというのは意味が分からないですよね。重要だから書いているわけです。

【注】

林子平（一七三八～九三）：江戸時代中期～後期の経世家。著書『三国通覧図説』『海国兵談』で蝦夷地《えぞち》開発や江戸湾防備というタブーに触れたことで、幕府により板木・製本没収のうえ蟄居《ちっきょ》となり、翌年病死した。

高山彦九郎（一七四七～九三）：江戸時代中期～後期の勤皇家。十八歳のとき上洛《じょうらく》して公家たちと交わり、次いで諸藩を巡って尊王思想を説いたほか、足利尊氏《たかうじ》の墓に鞭打つなどの行動にも出た。幕府から監視されるなどの時勢に対する悲憤から自刃。京都の三条大橋上でひざまずいて内裏（現在の京都御所）を拝んだことから、三条大橋東側に昭和三年（一九二八）に「高山彦九郎皇居望拝之像」が建立された（昭和十九年に金属供出で撤去、三十六年再建）。

祭祀と山陵を大切にした明治天皇

久野　『日本書紀』を捉え直して、そして歴史をつなぎ直して、いよいよ明治を迎えたというのがいわゆる明治維新です。「維新」という表現が強調されることも多いですが、先にも述べたとおり、重要な本質が「王政復古」だったと。近代化する際には伝統や文化を削ぎ落とし、犠牲にして突き進んでゆく国が多い中で、我が国はさらに遡って『日本書紀』に立ち戻りました。象徴的な例が、明治天皇が東京奠都《てんと》（都を新たに定めること）の際に氷川神社に御親拝されたときの「祭政一致の詔」です。

> 勅ス、神祇《じんぎ》ヲ崇《あが》メ、祭祀ヲ重ンズルハ、皇国ノ大典ニシテ政教ノ基本ナリ。然《しか》ルニ中世以降、政道漸《ようや》ク衰エテ、祀典挙《あが》ラズ。遂ニ綱紀ノ不振ヲ馴致《じゅんち》セリ。朕《ちん》深ク之ヲ慨《なげ》ク。方今更始《こうし》ノ秋《とき》、新《あらた》ニ東京ヲ置キ、親臨シテ政《まつりごと》ヲ視《み》、将ニ先ズ祀典ヲ興《おこ》シ、綱紀ヲ張リ、以テ祭政一致ノ道ヲ復サントス。乃《すなわ》チ武蔵国大宮駅《むさしのくにおおみやのえき》氷川神社ヲ以テ當國《とうこく》ノ鎮守ト為シ、親幸シテ之ヲ祭ル。自今以後歳《とし》ゴトニ奉幣使《ほうへいし》ヲ遣《つかわ》シ以テ永例ト為サ

ン。

明治元年　戊辰《つちのえたつ》十月

これを読むと中世、つまりここでは江戸時代まで武家政権の間は、政治が乱れるにつれて神社での祭典もしっかりやらなくなってしまった。それで国の根幹が揺らいでしまったから、これから東京に都を置くにあたって改めてお祭ごとを取り戻してゆくぞと。

この御親祭によって氷川神社は新都東京を含めた武蔵国（だいたい現在の東京都・埼玉県と横浜市・川崎市を合わせた地域）全体の鎮守の神社そして勅祭社とされ、今でも毎年八月一日の例祭には勅使が参向する特別な神社です。これは明治天皇の大御心でもあり、かつ明治天皇を輔佐する方々も日本が近代化するためには何が必要なのかをわかっていたということでしょうね。

竹田　明治天皇はそれだけでなく、御即位の前日に第七十五代崇徳《すとく》天皇のお祀りをしています。

久野　崇徳天皇について補足しますと、元治《げんじ》元年（一八六四）に御所が凄惨《せいさん》な戦場となる「禁門《きんもん》の変」が勃発《ぼっぱつ》します。

御所が戦場となって死者が出るなどあってはならないことですが、この年が、保元《ほうげん》の乱後に崇徳上皇が不遇のうちに崩御してからちょうど七〇〇年にあたっていたので、「崇徳天皇の怨霊《おんりょう》のしわざではないか」ということになりました。竹田先生が『怨霊になった天皇』（小学館）でお書きになったように、再び怨霊として猛威を振るうようになった崇徳天皇を、命に代えてもお鎮めするという孝明天皇ついで明治天皇の大御心が示されることになります。

竹田　軍服のイメージが強いので、明治天皇と祭祀が結び付かない人も多いかもしれませんが、実際はかなり信心深く、祭祀を大切にしていました。

それから明治天皇には、日清戦争（一八九四～九五）に向けて、軍艦を建造する予算をどう工面するかと問題になったときの有名な話があります。

久野　建艦予算削減をめぐって第四議会が紛糾した際の「在廷ノ臣僚及帝国議会ノ各員ニ告ク詔勅」、いわゆる建艦詔勅（一八九三）ですね。六年にわたって内廷費の一割に相当する三〇万円を下賜し、官僚の給料を一割カットしました。

竹田　そして明治天皇が宮廷経費の削減を命ぜられるのですが、あらゆる項目を極限まで削減する中で、宮中祭祀に関する経費と山陵祭祀に関する経費、そして皇太后に関する経費についてはビタ一文たりとも削減を認めませんでした。ですから明治天皇は軍服を着た統治者としての厳しい側面だけでなく、お母様を大切にし、祭祀を熱心になされる面もあったのです。

久野　明治天皇には、

わが国は　神のすゑなり　神祭る　昔の手ぶり　忘るなよゆめ

という祭祀の大切さを説く御製もありますね。

竹田　祭祀をとおして神々を大切にし、先祖を大切にし、そして国民を大切にした。これは一本につながったものです。

久野　国民に範を示されたということでもありますね。

竹田　ただ教育勅語でおっしゃるだけではなくて、それを自ら実践されていた。そしてここでもまた、蒲生君平が歴代天皇陵を割り出したことが活きてくるわけです。山陵祭祀が復興する機会を生んだのですから。

久野　先ほど触れたように、国家としての紀元二五〇〇年記念事業はできませんでした

教育勅語

朕《ちん》惟フニ《おもうに》我カ《わが》皇祖《こうそ》皇宗《こうそう》國ヲ《くにを》肇ムルコト《はじむること》宏遠ニ《こうえんに》徳ヲ《とくを》樹《た》ツルコト《つること》深厚ナリ《しんこうなり》我カ《わが》臣民《しんみん》克ク《よく》忠ニ《ちゅうに》克ク《よく》孝ニ《こうに》億兆《おくちょう》心ヲ《こころを》一ニシテ《いつにして》世世《よよ》厥ノ《その》美ヲ《びを》濟セルハ《なせるは》此レ《これ》我カ《わが》國體ノ《こくたいの》精華ニシテ《せいかにして》教育ノ《きょういくの》淵源《えんげん》亦《また》實ニ《じつに》此ニ《ここに》存ス《そんす》爾《なんじ》臣民《しんみん》父母《ふぼ》ニ孝ニ《にこうに》兄弟ニ《けいていに》友ニ《ゆうに》夫婦《ふうふ》相和シ《あいわし》朋友《ほうゆう》相信シ《あいしんじ》恭儉《きょうけん》己レヲ《おのれを》持シ《じし》博愛《はくあい》衆ニ《しゅうに》及ホシ《およぼし》學ヲ《がくを》修メ《おさめ》業ヲ《ぎょうを》習ヒ《ならい》以テ《もって》智能ヲ《ちのうを》啓發シ《けいはつし》徳器ヲ《とくきを》成就シ《じょうじゅし》進テ《すすんで》公益ヲ《こうえきを》廣メ《ひろめ》世務ヲ《せいむを》開キ《ひらき》常《つね》ニ國憲ヲ《にこっけんを》重シ《おもんじ》國法ニ《こくほうに》遵ヒ《したがい》一旦《いったん》緩急《かんきゅう》アレハ《あれば》義勇《ぎゆう》公ニ《こうに》奉シ《ほうじ》以テ《もって》天壤無窮ノ《てんじょうむきゅうの》皇運ヲ《こううんを》扶翼スヘシ《ふよくすべし》是ノ如キハ《かくのごときは》獨リ《ひとり》朕カ《ちんが》忠良ノ《ちゅうりょうの》臣民タルノミナラス《しんみんたるのみならず》又以テ《またもって》爾《なんじ》祖先《そせん》ノ遺風ヲ《のいふうを》顯彰スルニ足ラン《けんしょうするにたらん》

斯ノ道ハ《このみちは》實ニ《じつに》我カ《わが》皇祖皇宗ノ《こうそこうそうの》遺訓ニシテ《いくんにして》子孫臣民ノ《しそんしんみんの》倶ニ《ともに》遵守スヘキ《じゅんしゅすべき》所《ところ》之ヲ《これを》古今ニ《ここんに》通シテ《つうじて》謬ラス《あやまらず》之ヲ《これを》中《ちゅう》外ニ《がいに》施シテ《ほどこして》悖ラス《もとらず》朕《ちん》爾《なんじ》臣民ト《しんみんと》倶ニ《ともに》拳々服膺シテ《けんけんふくようして》咸《みな》其徳ヲ《そのとくを》一ニセンコトヲ《いつにせんことを》庶幾フ《こいねがう》

明治二十三年十月三十日

御名御璽《ぎょめいぎょじ》

が、幕末のこの節目の時期に何かやらねばと動いた藩もありました。それが蒲生君平を輩出した宇都宮藩による、いわゆる文久《ぶんきゅう》の修陵事業にもつながります。紀元二五〇〇年（一八四〇）から少し遅れるタイミングではありますけれども、蒲生君平による山陵調査の成果に基づいて、朝廷や幕府からの資金提供のもと近畿一帯で七六もの天皇陵を修復する大事業でした。これが大変評価されたおかげで、※戊辰の役で宇都宮藩がどっちつかずの態度をとってお取り潰《つぶ》しになりそうになった時にも許されました。さらに明治二年（一八六九）には明治天皇の勅命により、蒲生君平の功績を讃えるため現在の宇都宮市内に勅《ちょく》旌《せい》碑が建立されました。個人に対して異例のことですが、その辺りはまさに明治天皇の大御心が一本の線でつながっている気がします。

【注】
戊辰の役：慶応四年（一八六八）一月の鳥羽・伏見の戦いから翌年五月の五稜郭《ごりょうかく》の戦いまで、明治政府軍と旧幕府勢力との間で行われた内戦。

「人間宣言」で確認された天皇と国民の絆

久野　少し時代は飛びますが、戦後の日本人にとっての『日本書紀』ということで改めてお話ししたいと思います。敗戦によって日本人は自信を失ったり、あるいは思想的に一八〇度転換したりして、それまでの連続性を一部失ってしまいそうなところがありました。そうした中で、ささやかながらも強力な抵抗を示されたのが実は昭和天皇でした。いわゆる「人間宣言」によって、失いかけていたその連続性を相当程度、日本人は取り戻したと言われています。

竹田　戦前は戦前で問題があって、「天壌無窮の神勅」など強調されすぎた感じです。前

新日本建設に関する詔書（いわゆる「人間宣言」、昭和21年1月1日）

ここに新年を迎う。かえりみれば明治天皇、明治のはじめ、国是として五箇条の御誓文《ごせいもん》を下し給《たま》えり。いわく、
一、広く会議をおこし、万機公論《ばんきこうろん》に決すべし。
一、上下心を一にして、さかんに経綸《けいりん》を行うべし。
一、官武一途庶民に至るまで、おのおのその志をとげ、人心をしてうまざらしめんことを要す。
一、旧来の陋習《ろうしゅう》を破り、天地の公道《こうどう》に基づくべし。
一、知識を世界に求め、おおいに皇基《こうき》を振起《しんき》すべし。
叡旨《えいし》（天子のお考え）公明正大、また何をか加えん。朕《ちん》はここに誓い新たにして、国運を開かんと欲《ほっ》す。すべからく（当然なすべきこととして）この御趣旨にのっとり、旧来の陋習（わるい習慣）を去り、民意を暢達《ちょうたつ》し（のびのびと育て）、官民あげて平和主義に徹し、教養豊かに文化を築き、もって民生の向上をはかり、新日本を建設すべし。

大小都市のこうむりたる戦禍、罹災者《りさいしゃ》の艱苦《かんく》（なやみ苦しみ）、産業の停頓《ていとん》（停滞）、食糧の不足、失業者増加の趨勢《すうせい》（傾向）等は、まことに心をいたましむるものあり。しかりといえども、わが国民が現在の試練に直面し、かつ徹頭徹尾《てっとうてつび》文明を平和に求むるの決意固く、よくその結束をまっとうせば、ひとりわが国のみならず、全人類のために、輝かしき前途の展開せらるることを疑わず。

それ、家を愛する心と国を愛する心とは、わが国において特に熱烈なるを見る。いまや実に、この心を拡充し、人類愛の完成に向かい、献身的努力をいたすべきの時なり。

思うに長きにわたれる戦争の敗北に終わりたる結果、わが国民のややもすれば焦《しょう》燥《そう》（いらいらと焦り）に流れ、失意の淵に沈淪《ちんりん》（よれよれになって沈もう）せんとするの傾きあり。詭激《きげき》（過激な言動）の風ようやく（次第に）長じて、道義の念すこぶる（とても）衰え、ために思想混乱の兆しあるは、まことに深憂《しんゆう》（心配）にたえず。

しかれども、朕は汝《なんじ》ら国民とともにあり。常に利害を同じうし、休戚《きゅうせき》（喜びと悲しみ）を分かたんと欲す。朕と汝ら国民との間の紐帯《ちゅうたい》は、終始相互の信頼と敬愛とによりて結ばれ、単なる神話と伝説とによりて生ぜるものにあらず。天皇をもって現御神《あきつみかみ》とし、かつ日本国民をもって他の民族に優越せる民族にして、ひいて世界を支配すべき運命を有すとの架空なる観念に基づくものにもあらず。朕の政府は、国民の試練と苦難とを緩和せんがため、あらゆる施策と経営とに万全の方《ほう》途《と》（方策）を講ずべし。同時に朕は、わが国民が時艱《じかん》（当面する難題）に蹶起《けっき》（決意して行動）し、当面の困苦克服のために、また産業および文運振興《ぶんうんしんこう》（学問や技術・芸術振興）のために、勇往《ゆうおう》（ためらわずに前進）せんことを希念《きねん》（希望）す。わが国民がその公民生活において団結し、あいよりあい助け、寛容あい許すの気風を作興《さっこう》（盛んに）するにおいては、よくわが至高の伝統に恥じざる真価を発揮するに至らん。かくのごときは、実にわが国民が人類の福祉と向上とのため、絶大なる貢献をなすゆえんなるを疑わざるなり。

一年の計は年頭にあり、朕は朕の信頼する国民が、朕とその心を一にして、みずから奮《ふる》いみずから励まし、もってこの大業を成就せんことをこいねがう。

※カタカナはひらがなにし、仮名遣いや漢字を現代のものに改めています。

にも述べたように、こういう言い方をすると誤解する人が出てくると思うんですよ。そして、昭和天皇の昭和二十一年年頭の詔書「新日本建設ニ関スル詔書」を「人間宣言」というのもおかしい。「私は昨日まで神でしたけど、今日から人になります」なんてことはどこにも書いてありませんので。

久野　「朕《ちん》ト爾等《なんじら》国民トノ間ノ紐帯《ちゅうたい》ハ、終始相互ノ信頼ト敬愛トニ依《よ》リテ結バレ、単ナル神話ト伝説トニ依リテ生ゼルモノニ非《あら》ズ」。

竹田　そこが重要なんです。しかしながら、別に神話に価値がないと言っているわけでもありません。

久野　〝神話だけによって〟ではない、と。

竹田　だけではなく、むしろ相互の信頼と敬愛とによって結ばれてきた、ということです。天皇と国民との結びつきこそ重要だとおっしゃっているわけで、「じゃあ神話を否定したよね？」というのはかなり歪曲《わいきょく》した解釈になります。

これは重きが違うということです。神話に書かれていることも大切だけれども、むしろつながりの部分の方が大切だということをおっしゃったわけです。

ただ『日本書紀』にこう書いてあるから従え、とか敬愛せよ、という話ではなくて、どの時代を区切っても天皇と国民の間の信頼関係はしっかりとあった、といういちばん大切なところを昭和天皇は強調してくださった。だから、神話を否定して「神であった私が今日から人になる」とか、そんなこと一言も言っていないので、それは曲解です。いわゆる人間宣言というものの趣旨を履き違えている人たちは、ちゃんと理解し直さないといけないと思います。

久野　この人間宣言でよく指摘されるように、確かに「天皇ヲ以テ現御神《あきつみかみ》トシ、且《かつ》日本国民ヲ以テ他ノ民族ニ優越セル民族ニシテ、延《ひい》テ世界ヲ支配スベキ運命ヲ有ストノ架空ナル観念ニ基《もとづ》クモノニモ非《あら》ズ」という行があります。「現御神」つまりよく言われる現人神《あらひとがみ》ではは必ずしもないということですが、ここで重要なのは、神の子孫であることを否定していないことです。神の子孫であることも否定せよとGHQから言われて、宮内庁もその方針で動いていたのですが、昭和天皇はギリギリの言葉の選択でこういう表現をなんとか保たれた。神の子孫であるということについては、一切触れないことによって否定を避けた。つまり昭和天皇が思い付きでポロッと仰せになったのではなくて、ちゃんと考え抜かれてこの表現になったと指摘されていますね。

五箇条御誓文の精神を取り戻した人間宣言

竹田　それから、人間宣言では冒頭で五箇条御誓文が述べられていますが、これはマッカーサー元帥が「これは素晴らしいからちゃんと書きましょう」と言ったといいます。

久野　むしろ宮内官僚が、これをやめさせようと〝忖度《そんたく》〟したみたいですね。これを入れたらGHQに怒られるからとか、今の一部の官僚と似たような構図だったようですけれども。

念のため、五箇条御誓文も挙げれば、

「一、広く会議を興し、万機《ばんき》公論《こうろん》に決すべし。

一、上下心を一にして、さかんに経綸《けいりん》（国家の秩序をととのえ治めること）を行うべし。

一、官武一途庶民に至るまで、おのおのその志をとげ、人心をしてうまざらしめんことを要す。

一、旧来の陋習《ろうしゅう》（悪い習俗）を破り、天地の公道《こうどう》に基づくべし。

一、知識を世界に求め、おおいに皇基《こうき》（国の基礎）を振起《しんき》（奮い起こすこと）すべし。」

竹田　これを読めば、日本の民主主義というのは、何もアメリカから教えてもらったものじゃない。すでにその前からあったことがよくわかります。

久野　これ以上でもこれ以下でもなく、日本の国是がしっかり民主的であり平和的であったということを改めて示されました。

竹田　これは十七条憲法にも書いてありますし、まさに『日本書紀』に書かれている神武天皇の建国の精神そのものを文字にしたようなものです。したがって昭和天皇は、建国以来日本の国のあり方を冒頭におっしゃられたわけです。そして繰り返しますが、『日本書紀』に書いてあるからではなく、実際に二〇〇〇年来の信頼関係こそがいちばん重要だと。それこそ戦前に「八紘為宇」を「八紘一宇」と読み換え、だから日本は世界に進出していくのだと、それこそ曲解をして煽動《せんどう》していった人たちがいました。それをもとの状態に引き戻すうえでも、大変重要な内容だと思いますので、私からすると、「私は人間になります」と宣言をしてると思われていること自体が大変残念なことです。

久野　今の歴史教科書だけ読むと、「今日から普通の女の子になろうっと」みたいに捉えられてしまうと（笑）。

竹田　確かに（笑）。

今も続いている神道指令

久野　建国の紀元節がなんで戦後、「建国記念の日」という名称になったのか。そのことにも深く関わるのが、昭和二十年（一九四五）十二月十五日の「国家神道、神社神道ニ対スル政府ノ保証、支援、保全、監督並ニ弘布ノ廃止ニ関スル件」、通称「神道指令」です。これによって「政教分離」が進められたことが、戦後教育では肯定的に評価されていますけれども、国家が神社を保護することができなくなる、あるいは神社から国民を遠ざける。さらには教育の場で神道関係のことに触れることが禁じられ、それに関わる言葉を使えなくする。もっとも神道関係だけではなく、「大東亜戦争」とか「八紘一宇」という言葉もこの指令によって使えなくなりました。

竹田　まさに「ウォー・ギルト・インフォメーション・プログラム」（War Guilt Information Program）の柱になるもののひとつですね。日本人が誇りとするもの、日本人のアイデンティティの根幹になるもの、それを否定してゆくのがウォー・ギルト・インフォメーション・プログラムです。そうすると当然、天皇に関する良い話も書けなくなりましたし、『日本書紀』にせよ、教育勅語にせよ、そういう日本人の精神的な基盤となっていたようなものがことごとく否定された。それで攻撃の対象となったのが『古事記』であり『日本書紀』であり、そこに書かれていることは事実無根であり、学ぶ価値もない、むしろ有害図書のような扱いになったわけです。

久野　エロ本と同じ扱いに。

竹田　なので、中学の歴史教科書では『古事記』『日本書紀』という書名が紹介されることはあっても、その中身を勉強することはありません。まぁ当然『日本書紀』も神社界も、とにかく悪いものとして国から切り離されたということです。

久野　そういえば私は、「八紘為宇」が外国で喝采《かっさい》を浴びる場面に居合わせたことがあります。平成二十八年（二〇一六）の十二月八日にハワイで開催された、パールハーバー七五周年の記念式典に参加したときのことです。代表者が順番にスピーチしていったわけですが、司会が「ツネキヨ・タナカ」と聞き覚えのある名前を言うと思ったら、神社本庁総長の田中恆清《つねきよ》石清水八幡宮宮司が壇上に上がりました。このときは世界連邦日本宗教委員会会長として同時通訳のもとお話しになったのですが、「過去から導かれた英知を今の時代、次の世代に伝えていくことが、我々にとって重要な課題であり責務」であると述べるとともに、「今こそ世界を一つの家として」と訴えたときに満場の大拍手が起きました。

竹田　ああ、素晴らしいですね。神道指令に従うと、まさにそういうことを言ってはいかんということになるんです。

久野　神社界のトップによって神道指令が、しかもこともあろうにパールハーバーで破られた構図になります。ところが実際アメリカは、「八紘為宇」を満場の拍手で受け入れたと。やはり我が国の憲法学界や思想界だけが特殊な価値観で動いている、あるいは占領期の言葉狩りをまだ続けているということになります。

「政教分離」を厳格に適用した結果……

久野　紀元節＝建国記念の日についても、毎年明治神宮で行われる「建国記念の日奉祝中央式典」をはじめ全国各地で記念行事が行われています。しかし、今も政府主催での式典が行われることはありません。たとえば橿原神宮で、神式の紀元祭が政府主催で行われるなどというのは夢のまた夢でしょうか。

竹田　政教分離の原則について「目的効果基準」という最高裁の判例が出ています。

久野　津地鎮祭訴訟※のときに採用されたものですね。

竹田　そうです、目的がどうなのか、効果がどうなのかで判断されるということです。結局憲法の政教分離原則の目的が何かといえば、「国家が特定の宗教を助長しあるいは弾圧したりすることをなくす」ことでしょう。

その究極的な目的は「内心の自由」、つまり信教の自由を守るということです。だから建国記念のお祭りをすることが、内心の自由を侵害するかどうか、がポイントになります。少なくとも宮中で行われる祭祀や、もしくは天皇の代替わりに行われる大嘗祭《だいじょうさい》は日本国憲法にも定められている即位の礼と一体なので、政教分離原則の例外ということになるわけです。結局、原則というのはあくまで〝原則〟なので、例外がある。

久野　時の内閣総理大臣さえ腹をくくれば、政府主催の橿原神宮紀元祭も、本来は憲法上クリアできるでしょうか？

竹田　ここも微妙なところなのですが、今の政教分離が厳密なために「首相の公金を支出して行われる参拝などは違憲だ」と言われかねない。だから、憲法二〇条や八九条というのは内心の自由を確立するために必要な条文ではあっても、あんまり厳格に適用すると社会が大混乱してしまうわけです。

久野　神道その他の信仰が土台になっている伝統や文化が、破壊されてしまいます。

竹田　よく言われるのは、もし厳格に適用したら、日本中にある道祖神《どうそじん》（村境、峠などの路傍にあって外来の疫病や悪霊を防ぐ神像）は全部破却しないといけないことになります。

久野　令和の世の廃仏毀釈《※はいぶつきしゃく》になってしまうと。

竹田　じゃあ道祖神があることによって誰かの信教の自由が侵害されているかといえば、されているはずがない。公道に立っているお地蔵さんに「家賃を払え」と言えるのかという話です。「払えないなら出て行け」と言うのかと。

久野　道祖神やお地蔵様が土地を占有しているのは、政治権力が特定の信仰を援助しているといったバカげた解釈になる。

竹田　だから、この規定は厳格に適用してはいけないのです。ただし、裁判所の判断は国民の常識とリンクしてきますから、国民が道祖神くらいいいじゃないか、役所で行われる七夕祭りとかも、別に大丈夫だろうとなれば、裁判所もそう判断せざるをえなくなる。その延長線上の話です。総理大臣にだって信教の自由があるのですから。

久野　安倍晋三個人としての、自由権ですね。

竹田　公費を投入してよいのかという議論もありますが、一般国民が問題ないと思うのな

出雲大社の御祭神が分霊された、護衛艦「いずも」艦内神社。
他の多くの護衛艦と同様に艦内の高い位置に奉斎され、賽銭箱もある

ら、裁判所の判断も変わってくる。目的効果基準というひとつの基準はあっても、やはり国民の常識とか意識が重視されます。

したがって、国民の意識が変われば別の規範が確立する。たとえば我々の国民運動の末に、国民の意識が変われば、事実上憲法二〇条の運用というのも変えてゆくことができるのです。だから、ただ「裁判官がおかしい」などと言うだけでなく、国民の意識をつくっていくことが重要で、それは我々にもできることなのです。

久野　国民の意識が変わるという点では私にも覚えがあります。以前は海上自衛隊の自衛艦見学で、艦内神社は見学コースにはありませんでした。平成十四年には新聞が政教分離原則を掲げて、学者のコメントまで載せて艦内神社の存

在を批判し、防衛庁が釈明する事態まで起こっています（詳細は久野潤『帝国海軍と艦内神社』祥伝社、第一章参照）。そういうこともあって、戦前の海軍のように堂々とお祀りすることができず、少し前まではどちらかというと、こっそり祀っている感じだったようです。ところが、私の著書も少しは役に立ったのかもしれませんが、インターネットゲーム『艦隊これくしょん』ブームと相まって艦内神社が一般的に認知されるようになると、今では多くの一般見学者が「艦内神社に参拝したい」と言ってくるようになっているといいます。見学コースに入れるだけでなくて、出雲大社から分霊された護衛艦「いずも」艦内神社になると、ちゃんと出雲風に「二拝四拍手一拝しましょう」と説明書きまでされています。ここまでくると、今後は「艦内神社は憲法違反」なんて書いたメディアの方が逆に総スカン喰らうでしょうね。

竹田　敗戦の結果、神道に対するアレルギーが、いまだに尾を引いています。だから、こういう条文まで厳しい運用になるわけですが、そういうのは時間とともにまた緩んできますし、「総理大臣が靖國神社に行って何が悪いんだよ」という国民的な理解ができてくれば、これだって変わるのですよ。憲法だって絶対的なものではなくて、時代に合わせて弾力的に運用してゆくものですから。

【注】

津地鎮祭訴訟：昭和四十年（一九六五）三重県津市での市立体育館建設の際、地鎮祭に招待された市会議員が住民訴訟として損害補填《ほてん》を求めて提訴したもの。市の公金（金額としては計七六六三円）を支出しての地鎮祭が憲法二〇条の政教分離原則に反するかどうかが争点となったが、最高裁判所は昭和五十二年、特定の宗教を援助・助成・促進したり、他の宗教を圧迫・干渉を加えたりするものとは認められないとして合憲と判決。

廃仏毀釈：一般には、慶応四年（一八六八）三月十三日の太政官布告（いわゆる神仏判然令）および明治三年（一八七〇）一月三日の大教宣布詔《たいきょうせんぷのみことのり》を契機として、各地で仏教施設や仏像・経巻・仏具などの破壊が行われたことを指す。ただ江戸時代以来神社は各寺院に所属する社僧によって管理されていたため、必ずしも〝神道勢力が仏教勢力を排撃した〟という構図ではない。

今に活かせる教訓満載の『日本書紀』

久野　『日本書紀』は我が国の歴史や精神を伝えるだけではなく、厳しい国際社会を生き抜くための教訓も満載されています。

たとえば第十四代仲哀《ちゅうあい》天皇の御代に、九州の熊襲《※くまそ》征伐に向かった話が出てきます。ところがなかなかうまくいかないうちに、熊襲をやっつけるためには先に朝鮮をやれという神託があって、これに従わなかった仲哀天皇が突然崩御したように書かれています。

そして仲哀天皇の遺志を継がれた神功皇后《じんぐう》――明治時代以前は歴代天皇に列せられていた神功皇后によって「三韓征伐」が行われます。「三韓征伐」については、戦後は朝鮮を侵略したように言われたり、さらにそもそも無かったかのようにされたりとさんざんな扱いです。

しかし国際情勢として見れば、九州での反乱勢力が何度攻めてもしぶとかったのは、朝鮮半島からの援助があったからで、九州を攻めるだけだと結局何回やっても一緒だと。で、そのバックアップ元を絶つために朝鮮半島の新羅《しらぎ》を攻めたという側面がやはり強いわけです。

目下の日韓歴史認識問題などでも、実は国内にこそ厄介な反日勢力がいたりして、昔も今も国内の反政府勢力と朝鮮半島がつながっている構図は相変わらずです。

向こう側はそんなこと認めないかもしれませんが、少なくとも我々にとっては、朝鮮半島との付き合い方を考えるうえで、『日本書紀』は貴重な教訓を提供してくれていると思います。

竹田　結局、地理的なことはもう動かせないので、朝鮮との関係の中で日本がどういう立ち位置を取るのかについては、いつも歴史的な問題になります。ですからこの厄介な――もともと百済《くだら》の人たちはちょっと違う気質だったみたいですけども――今の朝鮮民族とどんな付き合いをするのか、あるいはしないのかということも含めて、『日本書紀』から学べるところも多いと思うんです。

「日韓友好が正しい」という時代はもう終わったと断言できますが、中国大陸、それから朝鮮半島との様々な問題は、歴史を遡ればずっとつきまとっていることがよくわかります。したがって、かつて朝鮮半島とどういう関係があったのかということを紐解くのは、今の時代こそ大変重要な示唆を与えてくれます。

久野　歴史認識問題でも厄介なのは、朝鮮半島の二か国が反日的な歴史観を共有したうえで、政治上はまた異なる立場でこちらを同時攻撃してくる点です。当時は百済・新羅・高《こう》句《く》麗《り》の三国時代でしたので、今二か国相手でも厄介なのに、三か国を相手にしていた時は単純計算で外交が一・五倍面倒だったことになります。そんな中で何とかやりくりしていた往時の日本人からは、やはり学ぶところは多いかと。

竹田　ただ三つあると、ひとつぐらいは日本になびく国があるかもしれません（笑）。ふたつというのはバランスが悪いんですよ。三つあると、一対二になりますからね。

久野　あちら側が結束して日本に向かってくるのがやりにくくなるということですね。

【注】

熊襲：古代における九州中南部の地域、あるいは当地に住む人々の総称。勇猛な種族でしばしば朝廷に反抗したが、『日本書紀』では第十四代仲哀天皇の崩御直後に服属して以降は登場しない。

帰化人は我々の先祖

久野　かといって朝鮮人が常に敵対的で厄介だったのかというと、そうではありません。「帰化」という概念が『日本書紀』に出てきますが、帰化して日本を支えた方々もたくさんいました。彼らによって、朝鮮が中国から吸収した儒教や易、医学、暦などの学問、須《す》恵器《えき》（それまでの土師器《はじき》よりも焼成温度や硬度の高い土器）の製法や機《はた》織りなどの技術などが我が国にもたらされました。この「帰化人」という用語が戦後、上田正昭京都大学教授などの主張をもとに、歴史教科書でも「渡来人」に替えられてしまいました。

私が小学生の頃にはまだ「渡来人（帰化人）」と書かれていたのを覚えていますが、差別的だという意見が強くなったようで。しかし本来は、この「帰化」こそ日本をさらに〝大和国《やまとのくに》〟たらしめる要因のひとつだったはずです。

竹田　「帰化」と「渡来」では、全然意味が違います。渡来人というのはただ物理的に渡ってきたというだけですが、帰化人ということになると、渡来したあと日本人として生きる道を選んだ人たちですから。「帰化」というのはやはり相応の意志が入った用語なのです。

　したがって、「帰化人」という言葉を嫌った学者の気持ちも逆にわかるわけですよ。ただ来ただけだというふうにしてしまいたい。でも、実態は渡来人ではなく、帰化人なのです。

久野　日本を慕って、日本の民になりたい、日本を構成する一部になりたいと思って来たのを、戦後は日本の学者まであたかもテキトーにやってきたような感じで描くことで、日本のソフトパワーを低く見るように仕向けられたのかもしれません。『日本書紀』を見ると、たとえば推古天皇の御代に「百済の誰が帰化した」とか、「屋久島から三人帰化した」とか、すごく具体的に書かれています。そういう帰化によって人々が寄り集まって、日本が名実ともに和の国になっていった、その過程でもあるはずの歴史や経緯が戦後消されてしまいました。

竹田　たとえば養蚕、機織業をもたらした秦《はた》氏などもそうですが、帰化人が日本に来て住みつき、天皇の臣下となって、日本の国を支えたわけです。それは、ただの渡来人という言葉では表現できないものです。そうした帰化人が、もともとの日本人と混血を果たしていった末に、私たち現代日本人があるわけですから、私たちから見たら、帰化人たちも先祖です。

　私たち現代日本人にとっても帰化人というのはご先祖様という大切な存在なので、それをただ渡来人と名付けるのは、自分たちの先祖に対する作法としても完全に誤りではないかと。

久野　弘仁六年（八一五）編纂の『新撰姓氏録《しょうじろく》』では、日本における一一八二氏のうち実に三二六氏が「諸蕃」すなわち渡来人系の氏族として挙げられています。「渡来人」なる呼称はある意味、かつてアイデンティティ・クライシスを乗り越えて日本人になった先人たちに対する大変な侮辱といえましょうか。

竹田　そうです、天皇の臣下として一族みんな仕えたような人たちであるわけですから。そういうことを考えると結局、朝鮮半島や中国大陸からいろんなものが伝わってきたということばかり強調するのが、今の歴史教科書ですが、むしろそれを日本人がさらに発展させる、もしくは本家本元である中国で廃れてしまって、むしろ逆に輸出したものもあるわけです。

久野　漢字が典型例ですよね。「科学」「哲学」、そして「自由」「権利」「革命」も日本でつくられた熟語です。

竹田　日本で史上最大の漢字辞典といわれる大修館書店の『大漢和辞典』が発行されたときに、全一三巻を中国政府が六〇〇セット買ったという話もあります。

それくらい自然科学の分野に使われている専門の言葉は和製漢語が多く、七割以上が日本人の翻訳した言葉だそうです。中華人民共和国だって、「人民」も「共和国」も日本人のつくった漢語です。「令和」について「『万葉集』も中国詩歌の影響を受けている」と「環球時報」が書いたことは本書冒頭で話題になりましたが、中国こそ、国名を変えない限り、日本の痕跡《こんせき》を消せない（笑）。

その漢字だって、日本の先人たちがいろんな苦労をしながら、外国の文化を取り入れ、自分たちなりにまた改良していったのが、今の文化につながってゆくわけです。ただ伝わってきただけではなくて、どう咀嚼《そしゃく》して日本人のものにし、それを使いこなしてきたのか、そのこともぜひ拾ってほしいですよね。ただ渡ってきただけじゃなくて、それをどう使いこなしていったかというところまで、『日本書紀』から読み取ってほしいなと思います。

国のために死ぬだけが美徳ではなかった

久野　あと『日本書紀』に出てくる人物で、大伴部博麻《おおともべのはかま》が最近有名です。先に述べた白村江の戦いで唐の捕虜となりましたが、唐が日本へ侵攻するらしいという話を聞いて、なんと自分を奴隷として売り、そのお金で仲間を帰国させて報告させたと伝わっています。彼自身は二〇年後にやっと帰国できたのですが、そういう身を挺した行動によって、持統天皇から「朕嘉厥尊朝愛国売己顕忠（＝朕厥《ちんそ》の朝を尊び国を愛《おも》いて己《おのれ》を売りて忠を顕《あらわ》すことを嘉《よろこ》ぶ）」と勅語を賜ったことが『日本書紀』に見えます。「愛国」という言葉の語源とされますが、のちに顕彰碑も複数建てられました。

竹田　すごいですよね。

久野　戦前は有名だったようですが、興味深いのは、戦前の日本では『戦陣訓』で「生き

北川内公園（福岡県八女市）内の「大伴部博麻呂碑」（左）と篠山神社（同県久留米市）境内の「大伴部博麻之碑」（右）。文久3年（1863）に建立された前者は、背面に『大日本史』における博麻についての記述全文が刻書されている

て虜囚の辱《はずかしめ》を受けず」と叩き込まれて洗脳されていたようにばかり今の歴史書で書かれていることです。実際はこういう風に自分を売って奴隷となってでも「尊朝愛国顕忠」することで、英雄となっています。

戦前日本でも多様な英雄像があったといいますか、決して『戦陣訓』を鵜呑《うの》みにして、とにかく国のために死ぬのが素晴らしいとされていたわけではないということがうかがえます。今挙げた『戦陣訓』にせよ、後段は「死して罪禍の汚名を残すこと勿《なか》れ」ですしね。

竹田　敵勢力の奴隷となったということで言えば、ジャーナリストの安田純平さんとだいぶ違うなと思いますね。

久野　帰ってきたとき、意外なほど元気でしたね。しかも「御世話になりました」か「すみません」は一切なくて、「帰ったらおいしいものが食べたい」とか……。

竹田　元気でしたよね。同じ捕虜になるといっても、全然違う。

神話を受け止めた先人たちを仰ぐ

久野　これも繰り返しになりますが、『日本書紀』でも改めて確認できるのは、昔から一度も王朝交代がないということです。この重みというのを、一般の日本人は意外とわかっていないところがあるようですね。

竹田　私たちは、幸いにも先人から学ぶものがあるわけです。二〇〇〇年以上の経験がある。これが歴史の浅い国だったら、いくら遡ってもせいぜい一〇〇年とか二〇〇年しかない。

久野　西暦一七七六年に建国されたアメリカも、そうですね。

竹田　日本の場合は、何か問題が起きると、かつてこういうことが起きたことがあるかどうか調べて、「一〇〇年前はこうしました」「三〇〇年前はこうしました」「一〇〇〇年前はこうしました」……という、先人たちがいろいろ苦労をして乗り越えてきた歴史を持っています。

その中には失敗したのもあれば、成功したのもありますから、失敗を繰り返さないように、そして成功は活用できるように参考にすることができる。歴史を学ぶことによって、未来をつくることができるということです。

しかも、同じ日本人が王朝交代なくやってきているわけですから、『日本書紀』だっていつでも――まぁ原典はなかなか読みにくいですけれど、口語訳だったらすぐ読めます。手の届くところにその二〇〇〇年に及ぶ記録があり、誰でも読めてしまうということです。これを活用しないのは、もったいないですよね。歴史は繰り返すと言いますけれども、歴史を笑う者は未来を築くことができないと思います。

久野　大変な国難だった大東亜戦争にせよ、『日本書紀』に現れている悠久の歴史を背負って戦っていたはずです。同時に『日本書紀』を、昭和天皇が「新日本建設ニ関スル詔書」で憂慮されたように、そのまま字面どおりに信じて狂信的になっていたかというと、必ずしもそうでもないようです。戦前もまさに神道バリバリの学府であった國學院大學から学徒出陣した山口輝夫少尉という特攻隊員が遺書の中でこういうことを書いているんです。

実に日本の国体は美しいものです。古典そのものよりも、神代の有無よりも、私はそれを信じて来た祖先たちの純心そのものの歴史のすがたを愛します。美しいと思います。国体とは祖先たちの一番美しかったものの蓄積です。実在では、我《わが》国民の最善至高なるものが皇室だと信じます。私はその美しく尊いものを、身を以って守ることを光栄としなければなりません。

まさにいわゆる「人間宣言」本来の趣旨を先取りしたかのように、本質をわかっていたエリートたちもいたのです。神話の中身自体を信じることが重要なのではなくて、歴史上それを信じて「我々は日本人なんだから、神話からつながる皇室を滅ぼしてはいけない」と思って命がけで頑張ってきた人たちのおかげで国がまもられてきて、そして自分もそれに続くと言っているわけです。

竹田　「八紘為宇が事実か」「天孫降臨は事実か」と言い出したら、それは神話上の記述だからわからない。しかし、それを信じてきたのは事実ですから、美しいもの、尊いものとして大切にしてきた日本人の先人たちの生き様というのは、これは間違いなく事実ですからね。

久野　そういうことも我々が噛み締めなければいけないし、日本以外のほとんどの国は、歴史を一〇〇〇年〜二〇〇〇年遡って「あのときはこうだったから」といった教訓を得ようとしても、その一〇〇〇年前、二〇〇〇年前は別の国家だという話です。『日本書紀』に登場する神々が先祖にあたり、登場人物が直接の先輩にあたる日本人だけは、二〇〇〇年前の歴史をそのまま同じ日本民族の所作として教訓にもできるというのが、いかにありがたいかと。

竹田　それは、舎人親王がちゃんと『日本書紀』をまとめてくれたおかげでそこまで遡れるわけです。

久野　今後、日本でもっと舎人親王を顕彰してゆかねばなりませんね。

最終章

『日本書紀』一三〇〇年と令和の時代

東京オリンピック開会式は建国神話で

久野　それでは最後に、『日本書紀』編纂一三〇〇年を実際にどう迎えるかという話をしたいと思います。

私も昨年（平成三十年）来、各界の知り合いに「『日本書紀』一三〇〇年を盛り上げましょう！」と提案しているのですが、神社以外はだいたい「大事なのはわかるんだけど、東京オリンピックで盛り上がっているときだからね……」という反応です。そんなんやる余裕あんのか、ということでしょうが、戦前の同じ東京オリンピックの年のことを考えてみてはいかがでしょうか。

紀元二六〇〇年にあたる昭和十五年（一九四〇）は、実は東京オリンピックが開催されるはずの年でした。非欧米国では初のオリンピック開催が、昭和十一年（一九三六）に決定していたのです。翌年に支那事変（日中戦争）が勃発したので、下手すれば戦争――もともと日本側に拡大の意思はなかった「事変」であったわけですが――と並行して紀元二六〇〇年記念事業のみならずオリンピックまでやる予定だったことになります。

結局支那事変が早期に収まらなかったので昭和十三年に開催権を返上しているのですが、今は戦争もありませんので、ぜひ当時の先輩日本人の意気を大いに見習いたいところです。東京オリンピックと『日本書紀』編纂一三〇〇年記念事業の両立は、できるかできないかではなくて、やらなきゃいけないという話です。

竹田　むしろ東京オリンピックの開会式には、やはり日本の国の起源というのが表現されないといけないと思うんです。ロシアのソチオリンピック（二〇一四）だってなんか変な神話をもってきて建国をアピールしていましたし、中国の北京オリンピック（二〇〇八）なんかも全然関係ないだろうと思うような四〇〇〇年前ぐらいの表現とかがありました。中華人民共和国は、戦後できた新しい国なのに。

久野　昨年の平昌《ピョンチャン》オリンピックも、高句麗の壁画とか……。

竹田　やってましたね。前回の東京オリンピックの開会式は、建国云々という雰囲気ではなかったのですよね。日の丸を掲げること自体がもう、なんかすごい喜びという感じでしたから。

長野オリンピックであれば諏訪《すわ》大社の御柱祭《おんばしらさい》が表現されるのでよいと思うんですが、令和二年東京オリンピックでは、日本がどういう国柄の国なのか、どういう起源の国なのかというのを、この開会式で表現してゆかないといけないと思います。

久野　両立どころか、融合ですね。

竹田　だから、『日本書紀』一三〇〇年の年に東京オリンピックが開かれるというのは、これはすごいことなんですよ。

久野　よくぞこの年に、開催権を獲得してくれたと。

竹田　そうなんです。東京オリンピックと『日本書紀』一三〇〇年が一致しているのは大変重要なことだということを、もっと多くの人に知ってほしいですね。

久野　東京オリンピックの開会式には下手にアイドルを使わず、天岩戸開きの舞台をやれと言う宮司さんもいらっしゃいます。確かに天岩戸がパーッと開くのは、素晴らしい演出だと思いました。もしアイドルを使うとしたら、竹田先生に稽古《けいこ》していただきたいです。

竹田　（笑）中身は、建国を表現してほしいですね。だって神話を表現したら、外国の人たちが喜びますから。

久野　おっしゃるとおりですね、外国の人は「これが日本という国か、日本でのオリンピックで日本的なものを見ることができた」と。

竹田　彼らは歴史のある日本を知りたいんですよ。

久野　ホログラフ画像とかを駆使しても、ある意味どこでもやっていることになります。

『日本書紀』編纂一三〇〇年にあたっての伊勢志摩サミット

久野　『日本書紀』編纂一三〇〇年の前哨戦《ぜんしょうせん》ともいえるのが、三年前の伊勢志摩サミット（平成二十八年）だったのではないでしょうか。来日したドイツのメルケル首相は、「伊勢神宮は古いって聞いたけど、何十年になりますか？」と聞いてきたらしいです（笑）。

まだまだ多くの日本人が、日本よりヨーロッパの方が伝統が長いように捉えているようですが、そのヨーロッパの感覚からしてこれです。サミットでは、別に変にお国自慢するというのではなく、日本のありのままを知ってもらうために、安倍首相や鈴木英敬三重県知事がセッティングしてくれたと。そして、神宮にも参拝（「訪問」）した各国首脳は、日本の歴史の深さ・偉大さを感じてくれたのではないかと思います。

竹田　伊勢志摩サミットで、世界の首脳が日本の文化に触れた。そのままオバマ大統領（当時）が広島まで行ったわけですが、このたびの天皇陛下の譲位というのがまた日本の伝統文化のすごさを世界の人に知ってもらう大きなきっかけにもなり、その翌年が東京オリンピックです。世界の人が日本を知る非常にいい機会が、数珠《じゅず》つなぎに起きていることになります。

久野 『日本書紀』一三〇〇年の節目が、ちょうど御鎮座一三〇年ということで橿原神宮も特別事業をなさってます。橿原神宮の創建は明治二十三年(一八九〇)ですから、古社がたくさんある奈良県内では、戦時中の昭和十七年(一九四二)に創建された奈良縣護國神社の次くらいに新しい神社です。しかし建国以降という意味では、国家のもっとも古い伝承が伝えられているためか、〝新しい神社〟とは思えない風格があります。

竹田 そこがまた日本的ですね。

「記紀・万葉」一四〇〇年に向けて

久野 『日本書紀』について『古事記』との対比が話題に上ることが多いですが、「記紀・万葉一三〇〇年」と言われるように、もうひとつ『万葉集』も忘れてはいけません。本居宣長の先輩となる荷田春満《かだのあずままろ》(一六六九〜一七三六)も賀茂真淵《かものまぶち》(一六九七〜一七六九)もまず『万葉集』を研究して、それぞれの歌がいったい何を伝えているかについて江戸時代になるとみんなわからなくなってきたので、それを取り戻そうとしました。日本文化を取り戻す一環として、ですね。今の若い人たちにも、これを機会に『万葉集』に触れてもらいたいと思います。

竹田　やはりこれは、まず面白いと気づいてもらうことだと思うんですよね。各地での『古事記』講座も「実は面白いんだよ」という切り口を大切にしたのです。何か難しいもの、崇高な学問をみんなで我慢して読み切ろうというのではなくて、『古事記』を読むこと自体が面白いことなんだと。だから我々がやるべきなのは『日本書紀』、そして『万葉集』の面白さを発見して、それを伝えてゆくことじゃないかなと思うんです。

久野　『日本書紀』の編纂者である舎人親王もあまり知られていませんけれども、『古事記』編纂者の太安万侶《おおのやすまろ》も戦後実在が疑われた時期があって、また『万葉集』の代表的歌人である柿本人麻呂《かきのもとのひとまろ》も歴史教科書から消されそうになりました。こうしたことを乗り越えてでも今回の一三〇〇年でしっかり伝えることをしなければ、将来の一四〇〇年のときにはもう伝わらなくなっている恐れすらあります。ここで今の我々が踏ん張ることで、記紀・万葉一四〇〇年も一五〇〇年も続けて受け継がれることが可能になるという、意外と重い任務を背負っているのかもしれません。

竹田　そうですね。どう伝えていくかということが重要だと思うので、それを私たちが考えなければいけません。

幸い、今回の改元、御代替わりは、若い人が皇室について理解を深めるいいタイミングではないかと思っています。前回の改元、昭和から平成に移ったときのことを振り返るとそれがよくわかります。

当時、私は中学生でした。昭和天皇が崩御なさった一月七日は土曜日で、月曜日に学校に行くと驚いたことに、同級生たちから天皇、皇室について質問攻めにあったんです。普段、こんなに天皇に関して質問を受けたことがなかっただけに新鮮で、嬉《うれ》しかったのをよく覚えています。

昭和天皇の崩御で皇室に注目した若者がたくさんいたわけですから、今回の元号でも同じように皇室について興味を持つ若者が大勢いるのではないでしょうか。

久野　「令和ブーム」に沸いています。私も甚だ微力ではありますが、そういうときに「学者の説によると」という枕詞《まくらことば》が日本ではまだまだ有効ですので、貢献できる学者のコミュニティを育てるためにも、竹田先生も理事をお務めの日本国史学会を盛り上げてゆきたいと思います。

竹田　もともと身近じゃないものを身近に感じてもらうことが大切ですので、この対談も『日本書紀』に興味なかった人が「これはちょっと面白そうだな、一度のぞいてみようかな」というふうになったとしたら、大変意義深いことだと思います。

久野　これが本当に、「二十一世紀の日本人は『日本書紀』を忘れてやがった」「編纂の労苦を台無しにした」と先人たちに言われないためのひとつの土台となってくれれば望外の喜びです。多分に竹田先生のお力を借りる形になってしまいましたが、お忙しい中本当にありがとうございました。

竹田　いえいえ、ありがとうございました。

おわりに――不思議の国・日本のなぞに迫る「最古の歴史書」

竹田恒泰

対談相手の久野潤さんとは、もう一〇年以上も一緒に『古事記』『日本書紀』の普及に務めてきました。いわば同志である久野さんと『日本書紀』編纂一三〇〇年を迎える令和二年を前に、このような形で『日本書紀』をテーマにした対談本を世に送り出すことができることを、大変嬉しく思います。

もともと竹田研究会は平成二十年に発足したのですが、その翌年というかなり早い段階で京都竹田研究会を立ち上げたのが、久野さんです。すでに立ち上がっていた東京と北海道の竹田研究会では『古事記』を勉強していましたが、それなら京都では『日本書紀』を読みましょうと提案してくれたのも、久野さんです。今では全国一五か所で竹田研究会が開催されていますが、『日本書紀』を読んでいるのは京都竹田研究会だけです。したがって、久野さんとは『日本書紀』をめぐって非常に不思議なご縁があります。もちろん、京都竹田研究会ではいまでも『日本書紀』に取り組んでいますが、いかんせん『日本書紀』は分量が多いので、読み始めてかれこれ一〇年になりますが、まだあまり進んでいないのが現状です。このままいくと何十年もかかってしまうかもしれません。

しかしながら私自身、これがきっかけとなって、『日本書紀』を読み直し再発見することも少なくありませんでした。したがって、会で読破するまえに、いったんこういう形で本を出せるのは、私にとっても大変意義深いことです。しかも令和の二年は、東京オリンピック開催の年でもあり、平成の天皇陛下のご譲位の翌年ということもあいまって、おのずと多くの日本人が日本のことを知りたがっている時期だと思います。また、それに輪をかけて、オリンピックを機に来日した外国の人々も日本のことを知りたがるときとなるでしょう。

そのためには、まず私たち日本人が、日本の本当のことを知らなくてはなりません。日本は神々と皇室と国民が一体となった歴史を少なくとも二〇〇〇年以上の永きにわたり保ってきた国です。世界中どこを見渡してもそのような歴史を持つ国はありません。そして世界から見ても不思議な日本という国の建国の秘密に迫った最古の歴史書が、本書のテーマである『日本書紀』なのです。

現代人にとっていわゆる「神話」は遠い世界のように見えても、私たちが日本人である以上、たとえ意識はせずとも『日本書紀』の影響の中で暮らしているのです。本書によって『日本書紀』の精神が現代社会にも生きており、日々日本人を動かす原動力となっていることに、気づいてもらえたなら著者のひとりとして望外の喜びです。

●著者略歴
竹田恒泰（たけだ・つねやす）
昭和50年（1975）、旧皇族・竹田家に生まれる。明治天皇の玄孫に当たる。慶應義塾大学法学部法律学科卒業。専門は憲法学・史学。作家。平成18年（2006）に著書『語られなかった皇族たちの真実』（小学館）で第15回山本七平賞を受賞。
主な著書に、『面白いけど笑えない中国の話』『笑えるほどたちが悪い韓国の話』（ビジネス社）、『日本はなぜ世界でいちばん人気があるのか』（PHP新書）、『現代語古事記』（学研プラス）、『日本の礼儀作法～宮家のおしえ～』（マガジンハウス）ほか多数。

久野　潤（くの・じゅん）
昭和55（1980）年大阪府枚方市生まれ、奈良県生駒市育ち。慶應義塾大学総合政策学部卒業、京都大学大学院法学研究科国際公共政策専攻修了。
学問的専門分野は近現代日本の政治外交とその背景思想で、大阪国際大学・皇學館大學・名城大学の非常勤講師を経て、現在は大阪観光大学国際交流学部専任講師。学術研究以外にはこれまで500社以上の神社と350名以上の戦争経験者を直接取材・調査し、関係記事を執筆。
著書に『新島八重』（晋遊舎新書）、『帝国海軍の航跡』（青林堂）、『帝国海軍と艦内神社』（祥伝社）のほか、共著書多数。

帯写真：伊原正浩
本文写真：久野　潤

決定版 日本書紀入門

2019年７月14日　　第１刷発行
2021年７月14日　　第５刷発行

著　者　竹田恒泰　久野　潤
発行者　唐津　隆
発行所　株式会社ビジネス社
〒162-0805　東京都新宿区矢来町114番地
神楽坂高橋ビル５階
電話 03(5227)1602　FAX 03(5227)1603
http://www.business-sha.co.jp

カバー印刷・本文印刷・製本/半七写真印刷工業株式会社
〈カバーデザイン〉大谷昌稔　〈本文DTP〉メディアネット
〈編集担当〉佐藤春生　〈営業担当〉山口健志

ISBN978-4-8284-2096-7